VERBUM ENSAYO

NARRATIVAS Y POÉTICAS DEL YO. IDENTIDAD Y ESPIRITUALIDAD EN LOS ESTUDIOS HISPÁNICOS CONTEMPORÁNEOS

colección **Ensayo**

Dirigida por: José Manuel López de Abiada

Verbum Ensayo se enfoca en los campos de la filología, la estética, la filosofía y la historia, fundamentalmente. Atesora las obras de los ensayistas y estudiosos más importantes de todos los tiempos y presta especial cuidado a estudios de autores hispanos como José Ingenieros, Miguel de Unamuno, José Enrique Rodó, José Olivio Jiménez, Roberto González Echevarría, Humberto López Morales, Leonardo Padura Fuente, Alejo Carpentier, Roberto Fernández Retamar, José Carlos Rovira, Virgilio López Lemus, Jesús G. Maestro, Alejandro Martínez, Ángel Díaz Arenas, Rolena Adorno, Enrique Gallud Jardiel, Vicente Cervera Salinas, Jesús Jambrina, Gema Areta, Ángel Esteban, José Luis Villacañas, Carlos Javier Morales, Javier Huerta Calvo, José Manuel Camacho, Elena Poniatowska, entre otros.

Muchos de estos títulos forman parte de las referencias bibliográficas de numerosos cursos doctorales, másteres y grados en universidades de España, resto de Europa y EE.UU.

MIRTA FERNÁNDEZ DOS SANTOS
PILAR NICOLÁS MARTÍNEZ
(EDS.)

Narrativas y poéticas del yo. Identidad y espiritualidad en los estudios hispánicos contemporáneos

Este trabalho foi elaborado no quadro das atividades do grupo de investigação «Representações locais e globais» do CITCEM e é financiado por Fundos Nacionais através da FCT – Fundação para a Ciência e a Tecnologia, no âmbito do projeto UIDB/04059/2020.

Los ensayos que forman parte de este libro se han sometido a un proceso de revisión por pares doble ciego

Tr.ª Sierra de Gata, 5
La Poveda (Arganda del Rey)
28500 - Madrid
Teléf.: (+34) 910 46 54 33
e-mail: info@editorialverbum.es
https://editorialverbum.es

I.S.B.N.: 978-84-1337-896-1
Depósito legal: M-4436-2024

Diseño de colección: Origen Gráfico, S. L.
Preimpresión: Adrians Esquivel Romero
Printed in Spain / Impreso en España

Este libro ha sido impreso con papel ecológico procedente de bosques sostenibles.

ÍNDICE

Nota de las editoras

El presente volumen orgánico es fruto de un proyecto largamente madurado que comenzó con un desafío lanzado a la comunidad investigadora. A través de un *call for papers*, se les convocó a reflexionar sobre los conceptos de identidad y espiritualidad en el ámbito de los estudios culturales y literarios hispánicos contemporáneos. En un contexto de emergencia pandémica, que hizo aflorar una crisis existencial de alcance global, nuestro desafío académico no solamente fue bien recibido, sino que se tradujo en el amplio abanico de excelentes contribuciones que el lector puede encontrar en este libro. Con las "escrituras del yo" como punto de intersección, son múltiples los enfoques y las temáticas abordados, una diversidad que también se extiende al terreno geográfico del hispanismo: desde España a Costa Rica, pasando por Argentina y Uruguay, se analizan a fondo los polifacéticos conceptos de identidad literaria y espiritualidad en la obra de reconocidos autores y autoras, como los españoles Fernando Aramburu, Elena Fortún e Isabel Franc, la argentina María Moreno o el costarricense Laureano Albán, entre otros.

En este libro, el lector encontrará también un humilde homenaje de las editoras a la poeta Ana Luísa Amaral, ilustre figura de las letras portuguesas, estrechamente vinculada a la Universidad de Oporto, que falleció mientras germinaba este proyecto. Siendo una de las principales representantes de las poéticas del yo en la literatura iberoamericana contemporánea, la inclusión entre las páginas del presente volumen de un breve panegírico en su honor resultaba, a nuestro juicio, imprescindible.

No queremos cerrar estos párrafos introductorios sin el agradecimiento debido a todos los que han hecho posible la aparición de este libro colectivo. Comenzando por las instituciones, damos las gracias al rectorado de la Universidad de Oporto, a la Facultad de Letras y -muy particularmente- al CITCEM (Centro de Investigação Transdisciplinar “Cultura, Espaço e Memória”) que, a través del proyecto UIDB/04059/2020 de la FCT (Fundação para a Ciência e a Tecnología), ha cofinanciado esta publicación. En segundo lugar, agradecemos también el empeño y colaboración del equipo de revisores que, con extremada diligencia y profesionalidad, ha evaluado los capítulos que conforman el volumen. Por último, una especial gratitud va dirigida a los autores y autoras que, voluntaria y entusiásticamente, han querido contribuir con sus investigaciones a la edición de este libro y cuya encomiable paciencia reconocemos y admiramos.

Mirta Fernández dos Santos
Pilar Nicolás Martínez
Facultad de Letras de la Universidad de Oporto

Narrativas y poéticas del yo. Identidad y espiritualidad en los estudios hispánicos contemporáneos

Prólogo

Bajo el tema confluyente de "Narrativas y poéticas del yo", Mirta Fernández dos Santos y Pilar Nicolás Martínez nos presentan un destacado compendio de textos que, desde diferentes perspectivas o puntos de vista, convocan y discuten los conceptos de "identidad" y "espiritualidad" y sus múltiples formas de expresión, en el contexto de las literaturas hispánicas contemporáneas.

En efecto, se trata de aportaciones críticas, caracterizadas por su rigor académico y diversidad, en las que se analizan distintas posibilidades de expresión literaria autorreferencial o autoficcional, que emanan de las vivencias personales o espirituales del escritor o de los personajes de sus obras. En los textos se reflejan, con frecuencia, varios aspectos: la propia identidad literaria del autor, que es fruto de la intersección de su mundo interior con el mundo exterior; la búsqueda del sentido de la existencia dentro de los límites del yo; la búsqueda del sentido de la existencia en los posibles diálogos con el otro; y, en definitiva, las expectativas, desafíos y límites de la experiencia humana.

La significativa heterogeneidad de los estudios aquí reunidos, que abarcan distintas literaturas y culturas dentro del universo hispánico, se traduce en novedosas lecturas e interpretaciones autorales, lo cual pone de manifiesto no solo que estamos ante un campo de investigación en amplio desarrollo, sino también que los relatos de la subjetividad tienen cada vez más cabida en el terreno literario contemporáneo. A través de ellos, el yo se manifiesta por múltiples vías, saliendo a la superficie en forma de memorias, vivencias, dudas existenciales, anhelos, visiones o conflictos íntimos. Como bien señalaban las editoras de la publicación en el *call for papers* que dio origen a este libro, *las escrituras del yo* refuerzan las alas tanto de los géneros literarios clásicos como de los más modernos, propiciando así nuevos y más altos vuelos. Por sus cauces transita multidimensionalmente la subjetividad humana, la complejidad de los mundos interiores y, por supuesto, los interrogantes suscitados por la espiritualidad. Por otra parte, más allá de su idiosincrasia individual, la fusión de innovación y tradición en lo que respecta a los géneros literarios trae consigo nuevos matices temáticos y textuales, así como formas de expresión cada vez más originales.

La selección de capítulos contenidos en este volumen, tanto los de especialistas de reconocido prestigio como los de (muy) jóvenes investigadores/as, pone claramente de manifiesto el gran abanico de posibilidades que ofrecen estas nuevas perspectivas temáticas y analíticas en el ámbito de los estudios hispánicos contemporáneos.

En el contexto específico de la literatura española, son varios los autores, generaciones y géneros abordados, como se detalla a continuación.

Alessandra Ceribelli nos presenta el texto "Personas gramaticales y voces narrativas en *Los peces de la amargura* de Fernando Aramburu", en el cual explora los matices de la polifonía narrativa en una colección de relatos que tienen en común la temática del terrorismo etarra en el País Vasco, pero difieren en cuanto al punto de vista o focalización frente a lo narrado, lo cual se manifiesta, entre otros recursos, en el uso de distintas personas gramaticales.

Por su parte, Alicia Vara López aborda, en su capítulo "La poética del yo en el personaje de Celia, de Elena Fortún", la espiritualidad que emerge de los discursos y descripciones del conocido personaje infantil en la novela *Celia en la Revolución*, escrita en 1943 (aunque publicada póstumamente, en 1987). En esta obra quedan patentes las experiencias traumáticas y el sufrimiento de la pequeña Celia a causa de la Guerra Civil Española.

También Purificació Mascarell dedica su estudio, "Ello es bonito como un cuento", a Elena Fortún. En concreto, al cruce entre la espiritualidad, la religión y las tendencias místicas en la vida y en la obra literaria de esta autora. Por medio de su investigación, Mascarell trata de demostrar cómo la dimensión espiritual y mística de Fortún, aunque menos conocida o valorada que sus ficciones para niños, fue determinante en su compleja vida personal.

A su vez, Guadalupe Nieto Caballero se centra en el análisis de la obra *Hasta llegar a Dios* de Lola Mejías, para examinar y discutir la espiritualidad vertida en las páginas de este poemario, adscrito a la poesía religiosa de corte existencial. Con ese objetivo, la investigadora otorga especial destaque a la doble perspectiva de la voz poética de la autora extremeña: la búsqueda de Dios y la angustia vivida para alcanzarla.

Continuando en el contexto geográfico de la literatura española, pero cambiando de foco, Santiago Sevilla-Vallejo nos conduce a las tensiones personales experimentadas en la etapa adolescente. Y lo hace a través de un estudio comparatista parcialmente titulado "La paloma como símbolo de la difusión de la identidad" en el cual analiza dos relatos, ambos protagonizados por adolescentes enfermos que empiezan a descubrir su sexualidad: *La señorita Cora* de Julio Cortázar y *El palomo cojo* de Eduardo Mendicutti.

De la Universitat de Lleida llega la contribución de Yasmina Romero Morales, en torno a lo que la investigadora considera una "reinterpretación lésbica" de la célebre obra *Mujercitas*, de Louisa May Alcott: se trata de la irreverente novela *Las razones de Jo*, de Isabel Franc. Este minucioso estudio, tras detenerse en los motivos que explican la necesidad de reescribir obras clásicas en clave feminista, revisita, de forma muy documentada, otras versiones y adaptaciones que se han hecho de la icónica novela de Alcott.

Pasando al terreno de la literatura hispanoamericana, Ferran Riesgo analiza la "Fractura y restauración del yo" en *Black out*, obra de la escritora y periodista argentina María Moreno, publicada por primera vez en Buenos Aires en 2016. Tras constatar el "giro autobiográfico" que ha tomado la literatura argentina en las dos últimas décadas, el investigador expone las tensiones a las que se enfrenta el yo como sujeto literario en esta novela, en la que el choque entre lo autobiográfico y lo ficcional se eleva a la máxima potencia.

La literatura uruguaya escrita por mujeres también está bien representada en este libro. Mirta Fernández consagra su estudio a Amanda Berenguer, Idea Vilariño e Ida Vitale, para discutir, preliminarmente, cuestiones como las múltiples formas de expresión de la subjetividad, la espiritualidad y las filiaciones literarias entre escritoras. Así, este artículo pone el foco en la posible influencia de las poetas de la Generación del 900 en la "construcción de la identidad literaria y la obra de las poetas de la Generación del 45".

Viajamos de Uruguay a Costa Rica, gracias al capítulo en el que Ronald Campos López analiza el poemario *Geografía invisible de América* (1982), de Laureano Albán, indagando concretamente sobre las variadas formas de búsqueda de lo sagrado del ser indoamericano (nahuas, mayas y quechuas) como forma de expresión de su religiosidad. Tras realizar la exégesis de los mitos y creencias prehispánicos representados en esta obra, el investigador llega a la conclusión de que el ser indoamericano era un auténtico *homo religiosus*.

Finalmente, el contexto literario iberoamericano y la literatura para niños están representados de forma geográficamente transversal en este libro por medio del estudio de Zaida Vila Carneiro sobre el trauma infantil. Su trabajo se basa en el análisis literario y didáctico de seis álbumes ilustrados que fueron publicados entre los años 2008 y 2020 en España y en Iberoamérica. Se trata de obras que ponen el foco en cuestiones como la inmigración, el maltrato, el abuso sexual, las consecuencias de la guerra y la canalización del trauma.

El libro se completa con un homenaje de las editoras a la figura literaria de Ana Luísa Amaral, eximia escritora portuguesa y máxima representante de las *poéticas del yo* en el contexto luso, que obtuvo el Premio Reina Sofía de Poesía Iberoamericana en 2021 y falleció en 2022, mientras se gestaba este volumen. El panegírico se abre con una breve semblanza de la autora, escrita por la investigadora Ana Paula Coutinho Mendes, docente de la Facultad de Letras de la Universidad de Oporto, y se cierra con una breve selección de composiciones de la poeta, en portugués.

En definitiva, el contenido de este libro refrenda el enorme potencial que encierra el estudio de las *literaturas del yo* en el hispanismo contemporáneo, partiendo del presupuesto de que la literatura es la representación cultural que mejor expresa las complejidades de la identidad humana y sus infinitas vías de manifestación.

MARIA DE LURDES CORREIA FERNANDES
Profesora Catedrática
Departamento de Estudos Portugueses e Românicos / Instituto de Filosofia
Faculdade de Letras da Universidade do Porto

IN MEMORIAM

Ana Luísa Amaral
(1956-2022)

Ana Luísa Amaral (1956-2022): Um testamento poético de humanidade

Galardoada em 2021 com o Prémio Reina Sofia de Poesia Ibero-Americana, Ana Luísa Amaral é a poetisa portuguesa contemporânea que, depois de Sophia de Mello Breyner Andresen, tem granjeado maior unanimidade junto da crítica especializada e do público em geral, como aliás comprovam as dezenas de prémios e distinções que recebeu nos últimos anos, tanto em Portugal como no estrangeiro.

Nascida em Lisboa, mas a viver desde muito nova nos arredores do Porto, em Leça da Palmeira, Ana Luísa Amaral publicou o seu primeiro livro, intitulado *Minha Senhora de Quê*, em 1990, quando já era docente na Faculdade de Letras da Universidade do Porto, onde se licenciara em Germânicas, e onde viria a doutorar-se, em 1996, com uma tese dedicada à poetisa norte-americana, Emily Dickinson.

Depois dessa estreia relativamente tardia, Ana Luísa Amaral nunca mais deixaria de publicar regularmente poesia, fazendo-o sempre a par da docência, da investigação e da produção ensaística centradas sobretudo nos Estudos feministas, dos quais foi uma das principais impulsionadoras na academia portuguesa, tendo sido coautora do *Dicionário de Crítica Feminista* (2005), além de mentora e responsável por um projeto científico de âmbito internacional em torno das *Novas Cartas Portuguesas*, uma obra escrita a seis mãos, pelas escritoras Isabel Barreno, Maria Teresa Horta e Maria Velho da Costa. A sua investigação nas áreas da escrita feminina, das intersexualidades ou das relações entre poesia e ciência - reunida em parte no volume *Arder a Palavra e outros incêndios* (2018) -foi levada a cabo, ao longo de mais de duas décadas, no âmbito do Instituto de Literatura Comparada Margarida Losa, cuja direção integrou.

Além dos 17 livros de poesia publicados entre 1990 e 2021, Ana Luísa Luísa Amaral foi autora de um livro de ficção (*Ara*, 2003), de uma peça de teatro (*Próspero morreu*, 2011) , de vários títulos de literatura infanto-juvenil, de que se destacam *A História da Aranha Leopoldina* (2000), *Como tu* (2012) e algumas adaptações de clássicos da literatura portuguesa, como é o caso de *A Relíquia* (2008), a partir de Eça de Queirós, ou *Auto de Mofina Mendes* (2008), a partir de Gil Vicente, e ainda de vários livros de tradução, que naturalmente incluem a obra de Emily Dickinson -que haveria de constituir uma referência tutelar do seu pensamento e da sua poesia- ; duas outras autoras amplamente galardoadas -Louise Glück e Margaret Atwood- ; e ainda Shakespeare e John Updike, ente outros.

A voz poética de Ana Luísa Amaral ficou no início muito marcada por um registo aparentemente trivial, então pouco comum na poesia portuguesa, que conferia visibilidade ao quotidiano doméstico tradicionalmente associado às mulheres, e à sensibilidade para os meandros do concreto, e muito em especial também, à sua própria condição de mãe, com a sua única filha -Rita- a ser origem e destinatária primeira de vários de alguns dos seus mais conhecidos poemas, como é o caso de "Testamento" (in *Minha Senhora de Quê*) ou de "Um pouco só de Goya: carta a minha Filha" (in *Imagias*). Todavia, essa é apenas uma das facetas da sua poesia, que convirá não estereotipar, porquanto Ana Luísa Amaral soube sempre entretecer com muita mestria o plano vivencial, que não apenas ou expressamente autobiográfico, com uma vasta cultura literária, conjunção essa que a levaria a enveredar por uma releitura criativa, quer na linha, quer ao revés da tradição lírica ocidental. Nesse sentido, os seus poemas dialogam sempre, explicita ou implicitamente, com outros poemas, com outras expressões artísticas e com outras narrativas mais ou menos canónicas, de base mitológica ou bíblica, como acontece por exemplo, e de forma mais continuada, em *Às Vezes o Paraíso* (1998), *A Génese do Amor* (2005) ou em *Ágora*, um dos seus últimos livros, publicado em 2019.

Cidadã muito atenta e empenhada nas grandes causas da igualdade e do respeito pela diferença, da justiça social e do cuidado pela Terra enquanto "casa comum", Ana Luísa Amaral soube urdir uma obra que nunca se debateu com uma incompatibilidade entre a estética e a ética, se bem que a aliança entre essas duas dimensões se tenha tornado mais evidente nos últimos livros, quanto mais não fosse devido à forte inquietação provocada pelo estado actual do mundo.

Traída por doença tão repentina quanto implacável, Ana Luísa Amaral não chegou a desmobilizar dos seus muitos projectos de escrita e das diversas solicitações a que procurava corresponder. Embora não tenha tido tempo para preparar a sua própria posteridade, tudo aquilo que escreveu e o modo intenso e inesquecível como se entregou à partilha dos seus próprios poemas ou poemas de outros autores, nas suas múltiplas leituras em Portugal e em vários outros países e continentes, assim como num programa de rádio de culto - *O Som que os Versos Fazem ao Abrir* (Antena 2) -dedicado expressamente à leitura comentada de poesia de diferentes poetas portugueses e estrangeiros- constituem o mais amplo, expressivo e tocante testamento poético de uma Mulher, nascida no século XX, mas de olhos postos nas possibilidades de um futuro imaginado à escala da(s) humanidade(s). Por outras palavras, um futuro do tamanho de "Utopias respiráveis", como aquela que Ana Luísa Amaral deixaria registada num poema homónimo do seu primeiro livro, onde reescrever o mito de Teseu significa apontar a alternativa da acção libertadora levada a cabo por "sábios minotauros inspirados".

ANA PAULA COUTINHO
Faculdade de Letras da Universidade do Porto
Instituto de Literatura Comparada Margarida Losa

Selección de poemas de Ana Luísa Amaral[1]

UM POUCO SÓ DE GOYA:
CARTA A MINHA FILHA:

Lembras-te de dizer que a vida era uma fila?
Eras pequena e o cabelo mais claro,
mas os olhos iguais. Na metáfora dada
pela infância, perguntavas do espanto
da morte e do nascer, e de quem se seguia
e porque se seguia, ou da total ausência
de razão nessa cadeia em sonho de novelo.

Hoje, nesta noite tão quente rompendo-se
de junho, o teu cabelo claro mais escuro,
queria contar-te que a vida é também isso:
uma fila no espaço, uma fila no tempo,
e que o teu tempo ao meu se seguirá.

Num estilo que gostava, esse de um homem
que um dia lembrou Goya numa carta a seus
filhos, queria dizer-te que a vida é também
isto: uma espingarda às vezes carregada
(como dizia uma mulher sozinha, mas grande
de jardim). Mostrar-te leite-creme, deixar-te
testamentos, falar-te de tigelas — é sempre
olhar-te amor. Mas é também desordenar-te à
vida, entrincheirar-te, e a mim, em fila descontínua
de mentiras, em carinho de verso.

---

[1] Todos los poemas de esta selección se han extraído de:
Amaral, Ana Luísa (2022). *O Olhar Diagonal das Coisas*. Posfácio de Maria Irene Ramalho. Porto: Assírio & Alvim.

E o que queria dizer-te é dos nexos da vida,
de quem a habita para além do ar.
E que o respeito inteiro e infinito
não precisa de vir depois do amor.
Nem antes. Que as filas só são úteis
como formas de olhar, maneiras de ordenar
o nosso espanto, mas que é possível pontos
paralelos, espelhos e não janelas.

E que tudo está bem e é bom: fila ou
novelo, duas cabeças tais num corpo só,
ou um dragão sem fogo, ou unicórnio
ameaçando chamas muito vivas.
Como o cabelo claro que tinhas nessa altura
se transformou castanho, ainda claro,
e a metáfora feita pela infância
se revelou tão boa no poema. Se revela
tão útil para falar da vida, essa que,
sem tigelas, intactas ou partidas, continua
a ser boa, mesmo que em dissonância de novelo.

Não sei que te dirão num futuro mais perto,
se quem assim habita os espaços das vidas
tem olhos de gigante ou chifres monstruosos.
Porque te amo, queria-te um antídoto
igual a elixir, que te fizesse grande
de repente, voando, como fada, sobre a fila.
Mas por te amar, não posso fazer isso,
e nesta noite quente a rasgar junho,
quero dizer-te da fila e do novelo
e das formas de amar todas diversas,
mas feitas de pequenos sons de espanto,
se o justo e o humano aí se abraçam.

A vida, minha filha, pode ser
de metáfora outra: uma língua de fogo;
uma camisa branca da cor do pesadelo.
Mas também esse bolbo que me deste,
e que agora floriu, passado um ano.
Porque houve terra, alguma água leve,
e uma varanda a libertar-lhe os passos.

Imagias (2002) em
O Olhar Diagonal das Coisas (2022), pp. 472-473.

ICONOGRAFIAS

As barbas que recordo do passado
são as de Deus sentado
numa nuvem, em moldura dourada
e transversal.
Na moldura do lado, um coração
em lágrimas e espinhos.
E no canto mais curto e mais final,
a lição repetida.

Há um tempo de vida e
um tempo de morte, um
tempo de lavrar e um tempo
de colher.

Ah! que ao menos na nuvem,
no mesmo patamar:
a face da mulher!

Às vezes o paraíso (1998) em
O Olhar Diagonal das Coisas (2022), p. 354.

JARDINS SUSPENSOS

É de um jardim suspenso
que eu te falo:
estes pequenos pontos
de explosão
no telhado da frente

Por entre as telhas,
não lhes sei o nome,
nem de como lugar
para nascer

Das sementes foi fácil,
que o vento aqui
arrepiando o sol,
mas a areia é infértil
e não chega

Babilónico tempo
este de que te falo,
cantante explosão
verde

E de um jardim suspenso
muito belo,
que me retira fala e
conclusão

Epopeias (1994) em
O Olhar Diagonal das Coisas (2022), p. 226.

EPÍLOGO EM IMAGEM

Dizem que o verão em Ítaca
é brilhante.
Dizem que as suas nuvens
são ausentes
e o céu mediterrânico, macio.

Só não sabia a cor das suas aves:
nunca a vira citada em pergaminho
(e a consulta enfastia o coração).
Inventava-as de lenda, muito brancas,
nas letras desenhas.

Mas hoje de manhã
fora esse céu que vira, e nele elas voar.
E dizem que a mortal,
se assim o vê,
uma bênção virá, inesgotável:
setenta vezes sete recompensa.
Diz-se ainda que dizem:
no espaço mais azul da ilusão
as coisas acontecem,
verdadeiras,
deixam de ser miragem.

E passam a habitar
o tempo certo.

Imagens (2000) em
O Olhar Diagonal das Coisas (2022), p. 450.

COMO DESABITADO, O CORAÇÃO

Podem acontecer, e então a música
decerto estará lá,
as palavras surgirão então, o sol, o girassol, a luz
que gira em torno de eixo feito de outra luz.
Poderia ser Deus, ou paz.
Sentir. E de repente o mundo a acontecer,
o milagre do mundo a acontecer —

Lázaro em vestes brancas,
ausente o pó do quarto onde morara, entretecido
a morte e cheiros de planeta envelhecido.
A estrela nova nascendo dos seus pés.
Eis-me, em milagre e mudo.
Lázaro, a sua voz
em sinfonia muda

Ou a violência dentro do coração,
vibrando dentro do coração, ventrículo desfeito
por esta certeza: surgirão as palavras a seguir,
tão lisas e potentes como a música.

Serão como a beleza das pirâmides, a
perfeição: onde pequeno seixo atravessado em falha?
Onde folha finíssima por entre as pedras, as siamesas pedras,
resistentes ao vento e ao deserto, a sua forma, a esplêndida,
a forma mais capaz de resolver enigmas?
Nessa folha finíssima, ou na pedra:
o mais puro milagre

Podem ainda assim: junto ao deserto do gesto
desumano, o chicote, a tortura, o revólver bramando no vazio,

a mão que se detém, a boca que não grita,
Lázaro, a sua voz. Igual a música
Eis-nos, e mudos

O conhecer mais puro. O ar que traz os sons,
o tempo a transportar a luz. As estrelas já mortas,
de onde nascemos, a sua luz ainda. Aqui, junto de nós.
Habitar sem saber a mecânica quântica, igual
a habitação de coração.
O pensamento mais iluminado.
Saber da energia, o mais puro conceito.
Como Deus

Podem ainda assim
acontecer: ao longo do deserto, das fronteiras
erguidas, quase tocando o céu, como pirâmides.
De Rodes, o colosso dividindo, mas aberto aos navios,
o sândalo, a canela, especiarias, mais de mil cheiros,
saltos de gigante, pirateado o coração e o sol.
E ao seu lado, a voz humana:
cal viva e uma paisagem de cacto e maravilhas.
Alguns —

milagres.
Junto à vida amputada, à clave, à carne rota,
ao eminente apodrecer das cores:
capazes de fazer tombar ruídos longos,
a ficar só um timbre, mas mais que uma miragem,
um timbre, som de diapasão vibrando pelo tempo,
ou festa de Babel.
A estrela que morrera, a sua luz cruzando
o velho éter, já não éter, mas tempo

Anoitece, e está vermelho o sol ao lado das pirâmides.
Há-de ser isto o eixo de outra luz,
amigos a saudar-se, devagar,
ao lado do silêncio, hão-de surgir.
A eclosão de impérios. Cheiro o cheiro a marfim,
de sílabas tão brancas

Lázaro fala, pela primeira vez.
rouco de voz, primeiro, depois a sua voz:
Eis-me em milagre, mundo!

E o reconcerto abate-se na luz,
e um dedo basta para o reconforto. Um dedo.
As suas veias. Fio de cabelo ou pena de pavão
tornam-se sons, leve ponto de açúcar, se o vento de galáxia
os amacia.

Podem, então, em longo
desconcerto.

E encostada à música, essa palavra nova nascerá:
rota dos olhos que não viram nada,
mas com peixes ao fundo, multiformes,
a voz sem palco e tudo a acontecer —

como primeira vez —

Se fosse um intervalo (2009) em
O Olhar Diagonal das Coisas (2022), pp. 818 – 820.

DO MUNDO

É bom?, *perguntareis*.

A que sabe esta ceia
feita de peixe e vinho,
tão metáforas óbvias
transportadas em cor ao vosso tempo?

Mas não há-de ser ceia,
pois que se vê azul atrás de mim,
e as nuvens muito brancas
são de sol

E o peixe jaz, intacto, no prato,
ou seja, não comi:
ainda não comi

Reparai no chapéu, halo inventado,
e nas asas guardadas ao longo
destes séculos,
só que diversas asas, mais modernas,
e eu a sentir-me quase
a fingir cisne

Atentai sobretudo nos meus olhos
fechados,
erguida sobrancelha em êxtase e enlevo

E as minhas mãos cruzadas
que parecem rezar,
mas que de facto dizem,
devagar:

comigo partilhai
deste sossego —

Mundo (2021) em
O Olhar Diagonal das Coisas (2022), pp. 1267 – 1268.

Personas gramaticales y voces narrativas en *Los peces de la amargura* de Fernando Aramburu

ALESSANDRA CERIBELLI
Università Cattolica del Sacro Cuore
alessandra.ceribelli@unicatt.it

RESUMEN

Uno de los rasgos que salta a la vista en *Los peces de la amargura* de Fernando Aramburu es la polifonía para contar la violencia y la insensatez del terrorismo, así como las pérdidas consiguientes. Tratándose de una colección de cuentos, cada uno aparece con su propia voz narrativa, pero siempre con un rol crucial dentro del conjunto de la obra. En particular, cada personaje, con su punto de vista bien delineado, tiene su función tanto a nivel gramatical como narrativo, aportando impresiones y conclusiones diferentes en función de la persona gramatical utilizada, transmitiendo así sensaciones e ideas distintas. Además, la manera de contar los horrores y los dolores relacionados con el terrorismo etarra varía según el narrador y la persona gramatical utilizada por el autor. Por lo tanto, en este trabajo me propongo estudiar cómo las voces narrativas modifican la narración de un momento de crisis tan crucial para la historia contemporánea de España y cómo el yo se enfrenta a esta violenta tragedia. En este caso, la voz narrativa actúa en ocasiones de memoria, trauma y olvido consciente. Para realizar este análisis, he recurrido a los estudios lingüísticos relacionados con el uso de los pronombres personales en la novela llevados a cabo por Michel Butor, adaptándolos al volumen de cuentos de Fernando Aramburu. A partir de allí, reconstruiré un patrón de personas gramaticales y voces narrativas en *Los peces de la amargura*, para solucionar la fragmentariedad característica de las colecciones de cuentos.

PALABRAS CLAVE: *Fernando Aramburu, cuentos, personas gramaticales, voces narrativas, Los peces de la amargura*

ABSTRACT

One of the most striking characteristics in *Los peces de la amargura* by Fernando Aramburu is the polyphony to describe the violence and the stupidity of terrorism, together with the consequent losses. Being a collection of short stories, each one appears with its own narrating voice, but always with a crucial role in the whole work. In particular, each character, with its well-determined point of view, has a function both at a grammatical and narrative level, providing feelings and conclusions that diverge depending on the grammatical person used and transmitting different sensations and ideas. In addition, the way of telling the horror and the pain linked to the ETA terrorism varies according to the narrator and the grammar person used by the author. For this reason, in this paper I intend to study how the narrating voices modify the narration of a moment of crucial crisis in the contemporary Spanish history and how the *yo* faces this violent tragedy. In this case, the narrating voice works in occasions of memory, trauma and conscious oblivion. To realize this analysis, I have used the linguistic studies linked to the use of personal pronouns in the novel carried out by Michel Butor, adapting them to this collection by Fernando Aramburu. Starting from that, I will rebuild a pattern of grammatical person and narrating voices inside *Los peces de la amargura* to solve the fragmentary nature of collection of stories.

KEYWORDS: *Fernando Aramburu, tales, grammatical person, narrative voices, Los peces de la amargura*

1. INTRODUCCIÓN

A modo de contextualización general, es necesario describir brevemente la estructura de esta colección para que el lector se pueda situar mejor en la producción del autor y en la literatura española contemporánea en general. *Los peces de la amargura* se publicó en 2006, diez años después de la primera obra de Aramburu, *Fuegos con limón*, y consta de 10 cuentos. El tema de la violencia etarra no es ninguna novedad en la obra de Aramburu, sino que está muy presente en otros textos anteriores del mismo autor, como por ejemplo *No ser no duele* (1997) y *Karnaba* (1999). Además, según varios estudiosos, esta colección y el texto posterior, *Años lentos* (2012), le sirvieron como práctica para la construcción de algunos personajes y algunas situaciones que aparecen perfilados de manera más profunda y compleja en su gran éxito, *Patria* (2016), que le valió varios premios literarios, reimpresiones, traducciones y también una serie de televisión producida por Alea Media para HBO España.

2. ANÁLISIS DE LA COLECCIÓN DE CUENTOS

Antes de adentrarnos en el estudio de las diferentes personas gramaticales y las voces narradoras de esta colección, cabe señalar que he decidido construir esta tabla para que quede más claro quiénes son los emisores, los receptores y, en definitiva, las voces gramaticales de cada uno de los relatos que voy a analizar. Por razones de espacio y de claridad, he dividido la colección en dos partes (del cuento 1 al 5 y del 6 al 10). Además, se indica entre paréntesis las personas gramaticales después de hacer referencia a la voz narrativa. Se ha decidido optar por la denominación "emisor/receptor" al ser la que utilizan Calsamiglia y Tusón (2001) en el texto que ha servido de base teórica para este trabajo. Presento a continuación la tabla correspondiente a los relatos de 1 a 5:

Los peces de la amargura	***Madres***	***Maritxu***	***Lo mejor eran los pájaros***	***La colcha quemada***
Emisor: Jesús y familia (yo, nosotros)	**Emisor**: narrador omnisciente (dos madres, tercera persona)	**Emisor**: Maritxu (yo)	**Emisor**: madre (yo)	**Emisor**: narrador omnisciente (él, ellos)
Receptor: pecera (tú)	**Receptor**: lector (tú)	**Receptor**: ella misma (yo), otros (ellos, ella), hijo (tú)	**Receptor**: hijo todavía no nacido (tú)	**Receptor**: lector (tú)

Tabla 1

Emisor, receptor y personas gramaticales en los cuentos de 1 a 5

2.1. PRIMERA PARTE

2.1.1. Los peces de la amargura

El título de la colección y el del primer cuento coinciden, y es con este con el que vamos a empezar nuestro recorrido analítico. Aquí el emisor del mensaje es Jesús, el padre de la víctima, quien cuenta sus propias secuelas físicas y emocionales y las de su familia. El receptor aquí es un ser animado pero que no puede contestarle: se trata de los peces del acuario, que dan además título al relato y a la obra entera. La falta de posibilidad de réplica podría significar dos cosas: estos animales, ajenos a las dinámicas humanas, son los únicos que pueden entender el dolor de Jesús, pero también podría significar que este mismo dolor no tiene réplica, existe y existirá siempre, sin que nadie o nada pueda modificarlo, como si cualquier palabra sobrase. También en *Patria* aparece un interlocutor similar, esta vez inanimado, es decir la televisión, que le sirve a una de las protagonistas, Miren, para autoconfigurarse[1]. Pero esto no pasa en "Los peces de la amargura", porque, a lo largo del cuento, Jesús se describe siempre como una víctima secundaria, que nunca nombra el atentado. De alguna manera, aquellos peces y su mutismo equivalen al dolor mudo que está padeciendo, mientras que la televisión que ve Miren no es muda, sino que emite sentencias, ya sea a través de telediarios o de declaraciones verbalizadas por políticos. Sin embargo, Jesús no es el único narrador del cuento, sino que también escuchamos la voz de su mujer, de la hija que ha sido víctima del atentado por azar, y del novio de esta, todas insertadas en un discurso de estilo indirecto, sin marcas tipográficas, que subraya la continuidad de su pensamiento y de sus reflexiones como un todo. De hecho, Jesús hace de filtro de las voces de las personas que le rodean. El relato se abre con una primera persona plural[2], cuando describe el día en que Andoni, el novio, y él fueron a buscar a la hija al hospital. Jesús se describe como la primera víctima del atentado, a pesar de que su hija haya sido la víctima directa. Ese posesivo ("mi hija", p. 12[3]) podría indicar que su dolor nace de su condición de padre o también que el mismo sufrimiento y desánimo surgen de las heridas padecidas por

[1] Posey (2019) señala que esta técnica de Aramburu tiene su origen en la obra de Cervantes.

[2] Según Díaz de Guereñu, el uso de la primera persona singular hace que el personaje sea tenido en cuenta (2007: 189).

[3] La expresión es recurrente (aparece seis veces), siempre interrumpiendo el flujo de los pensamientos, remarcando su posesión y su relación con ella en los momentos clave de la descripción de las secuelas del atentado, mientras que en el resto del cuento se refiere a ella como "la hija": "Al rato vimos que aparecía por el fondo, sentada en una silla de ruedas. Mi hija. Llevaba un ramo de rosas blancas sobre el regazo" (p. 12); "Por primera vez después de mucho tiempo la vi ponerse de pie. Mi hija de pie" (p. 12); "Sentí un pinchazo por dentro al ver su fragilidad, sus delgadas manos sin fuerzas. Mi hija, la única que tengo" (p. 13); "eso fue por los tiempos en que ya no la tenían colgada de la grúa. Mi hija" (p. 15); "Mi hija. La estaban operando de urgencia" (p. 26), "Estaba inconsciente. Mi hija" (p. 27).

ella y por la imposibilidad de protegerla del daño causado por el atentado. Jesús podría ser el *alter ego* masculino de Miren, quien en *Patria* reflexiona sobre su naturaleza de víctima, basándose en eventos recién acaecidos, y que además manifiesta una relación de dependencia con su hijo, como si su valor e incluso su existencia estuvieran definidos por su progenie y por su estatuto de madre, como ha señalado Posey (2019: 67). El mismo posesivo aparece también en las primeras líneas, pero esta vez referido a la mujer, "mi Juani" (p. 11), remarcando ya desde el comienzo las estrechas relaciones familiares: Jesús es ante todo marido y padre y también suegro en potencia ya desde la primera página.

2.1.2. Madres

En el segundo cuento de la colección, el narrador es omnisciente y describe la historia de dos madres, como indica el título, que podrían definirse como víctimas indirectas de la barbarie etarra. Las dos historias entrelazadas tienen como protagonistas, por un lado, a la esposa de un guardia civil acosado y asesinado por ser un agente del Estado y, sobre todo, por no ser vasco. Su viuda se ve obligada a abandonar el País Vasco y a volver a su pueblo de procedencia a causa del acoso sufrido por ella misma y por todos aquellos que la rodeaban y le brindaban ayuda; por el otro lado, otra mujer, otra madre, que ha sufrido a su vez una pérdida, pero, en este caso, la del hijo, asesinado por los representantes de un Estado reconocido como enemigo y opresor. Aunque la descripción de los acontecimientos y de los puntos de vista parece ser idéntica (narrador omnisciente en tercera persona, interlocutor no especificado), la actitud y la pérdida de las dos mujeres son diferentes, a pesar de compartir la misma naturaleza de madres. Además, la maternidad es la única característica en la que se hace hincapié en relación con la segunda, de la que no se menciona ni siquiera el nombre. En este cuento el autor utiliza tanto el discurso de estilo directo como el indirecto. En el primer caso, se citan las palabras de la Toñi, mientras que, en el segundo, asistimos a una interpelación llevada a cabo por el narrador, que transmite a los lectores la melancolía de la madre sin nombre y cómo esta mujer se va apagando poco a poco.

2.1.3. Maritxu

En el tercer relato, la emisora habla en tercera persona, pero en realidad habla consigo misma, como si fuese una persona distinta. Según Butor (1977, pp. 140-141), el uso de esta persona indica que se refiere a lo que ha pasado, lo que ha vivido, pero en teoría no indica la manera en la que se da a conocer el acontecimiento. Este mecanismo se encuentra deconstruido en el cuento de Aramburu, dado que esta tercera persona es ficticia, al ser en realidad un yo enmascarado en las diferentes situaciones a las que tiene que enfrentarse: el locutorio de una cárcel, el autobús, la plaza del pueblo, la gasolinera, la casa, el mercado, la misa, la casa de una amiga… En ocasiones, la narración salta de la tercera persona a la primera y a la segunda[4], con un estilo indirecto que a veces hace que sea difícil identificar al emisor del mensaje. Asimismo, también existe alternancia en cuanto al receptor: Maritxu misma[5], la amiga, el hijo preso, el guardia civil, el cura, los españoles, los etarras, los demás, los lectores… Parece un monólogo interior interrumpido por los demás, que lo vuelven más fragmentario aún, como fragmentaria podría ser la personalidad de la protagonista, que se encuentra escindida entre el dolor por el alejamiento del hijo, debido a su patriotismo, y el dolor por las víctimas inocentes. De hecho, el discurso mismo está fraccionado en diferentes situaciones también a nivel gráfico, ya que cada una lleva un título que se refiere al

---

[4] Según Nallet (2015, p. 150), "la cuestión de la segunda persona plantea finalmente un problema teórico muy interesante sobre el género novelesco. De hecho, recuerda a la autobiografía, que se puede analizar como un género del diálogo entre dos primeras personas: una pasada y otra presente".

[5] "Si vamos a eso piensa en los que mataron ellos en Gernika en 1937" (p. 62).

lugar donde sucede aquel episodio concreto. En cambio, las diferentes voces no se distinguen por marcas tipográficas, lo que pone de nuevo de manifiesto la identificación del receptor con el emisor y el flujo de pensamientos de la mujer que enuncia este monólogo. Maritxu pasa de la descripción en tercera persona al diálogo en un mismo pasaje, como se puede ver, por ejemplo, en el episodio que lleva el subtítulo de "A la mesa de la sala": "Joshé, la cara partida por la raja de vidrio, miraba como mira siempre. ¿Qué miras, Joshé? En vida eras más callado que un armario. Pues no has cambiado nada. ¿Qué piensas? Le cuento lo de la Begoña, ¿sí o no?" (p. 68). Aquí todo indica que se trata de una conversación con un difunto, subrayada por el pretérito imperfecto y la expresión "en vida", que sería ilógica si el interlocutor siguiese vivo. Este es otro aspecto que se vuelve a encontrar en *Patria*, donde una de las protagonistas, Bittori, que es la mujer de la víctima directa del atentado, habla con su marido muerto, el Txato, a pesar de que este está ya ausente desde hace unos cuantos años. Maritxu y Bittori podrían parecerse, porque ambas sufren indirectamente las consecuencias de la violencia etarra a nivel familiar, subrayando así que los dos bandos padecen de la misma manera.

En el último párrafo, en el que la mujer, desde la cocina de su casa, habla con su difunto marido de su hijo -que se encuentra en la cárcel-, declara que por fin está sola, como si las otras voces y las opiniones de los demás fuesen una molestia, excepto las del muerto y las del hijo[6]. Pero el final queda como suspendido en la pregunta dirigida al marido, a través de la cual pide confirmación sobre su mala opinión acerca de la novia de Joxian. Esta estrategia discursiva recalca que en realidad todas sus certezas son apariencias y que necesita a los demás para confirmar su punto de vista. La incertidumbre se puede notar en otros pasajes del texto, como en el apartado identificado con el epígrafe "A la mesa de la sala", en cuyo último párrafo

[6] "Sola, por fin. Que me dejen en paz, que se vayan todos a freír churros. ¿Tú que piensas, Joshé? En una cosa tiene razón. Me cae fatal. Ésa no es *pa* Joxian, *¿verdá*, Joshé?" (p. 73).

se lee: "¿Se lo cuento, Joshé? ¿Tú que crees? El día que respondas pasará una bandada de obispos volando sobre el pueblo. Callado y chaparro. ¡Qué cruz!" (p. 68). El silencio que acompaña el diálogo con su marido, que, evidentemente, nunca contesta, que solo la acompaña en sus divagaciones, apunta a que Maritxu es otra víctima indirecta de la barbarie que no sabe expresar su dolor, como Jesús en el primer cuento. En ambos casos, los narradores piden permiso para contar, como si estuviesen reflexionando sobre la posibilidad o imposibilidad de la función del cuento para superar los traumas acarreados por la violencia etarra. Esa falta de respuesta ya de por sí es bastante elocuente: lo único que queda es el silencio.

2.1.4. Lo mejor eran los pájaros

El cuarto cuento alterna entre la primera, la tercera y la segunda personas del singular. Aquí una madre habla con el hijo del que todavía está embarazada, relatándole la muerte de su abuelo (padre de ella), que acaeció cuando era una niña aún. En este relato la tercera persona deja de ser omnisciente, asemejándose el discurso, también en este caso, a un monólogo interior. De hecho, la voz de la narradora fluye con sus pensamientos, saltando de un recuerdo a otro. Las características lingüísticas más destacadas en "Lo mejor eran los pájaros" son la puntuación irregular, traducida en la falta de puntos y aparte; la estructura sintáctica con frases muy cortas combinadas con interjecciones[7]; el uso de la primera persona del singular; y el hecho de que el emisor salte de un tema a otro. El relato empieza con un discurso indirecto referido a la otra víctima indirecta del atentado, su hermano César, al que la narradora identifica a través del adjetivo posesivo "mi/mío", adjetivo al que también recurre para dirigirse al interlocutor del cuento: el hijo que lleva en

---

[7] "La Neli, para que sepas, era la hija mayor del sargento. Ah, y además, cuando la vi, se estaba mordiendo el labio de abajo" (p. 81); "Quería abrazar a sus hijos. Ay, sus hijos. Que dónde estaban. Que si habían comido ya. Que si ya conocían la desgracia" (p. 84).

el vientre ("hijo mío", p. 77). Este *nasciturus* no tiene nombre todavía, de modo que se le identifica siempre por medio del sustantivo "hijo" en casi todos los pasajes del texto en los que es mencionado como destinatario de las memorias de la protagonista[8].

Solo en dos ocasiones se dirige a él de manera más cariñosa, con los calificativos "tesoro" y "tesorito", sin mencionar implícitamente su condición de madre. En la primera, describe lo que veía fuera, a través de la ventana, el día en el que mataron a su padre y explica por qué le gustan los pájaros: "Un pájaro no es de aquí ni es de allá, sino de todos los lugares. Llega, se posa, se va. Eso me gusta, tesoro" (p. 79). Aquí no está hablando de su experiencia traumática, sino de ella misma. En el segundo caso también habla de una característica suya, proyectándose además hacia el futuro, cuando el hijo esté con ella: "Ya verás, tesorito, cuando me conozcas" (p. 84).

Es importante subrayar también que esta historia podría ser la misma que se relata en "Madres", pero veinte o veinticinco años después. El padre de César y de nuestra futura madre es un policía español enviado al País Vasco, donde muere asesinado por ETA, como le sucede al marido de Toñi en el segundo cuento de la colección. Años después, cuando sus hijos se han hecho mayores y viven en otra ciudad, les cuentan la historia a sus propios hijos (nacidos y por nacer).

2.1.5. La colcha quemada

En el quinto relato encontramos también un narrador omnisciente y un discurso en estilo directo, pero en esta ocasión sin in-

---

[8] "En tu familia, hijo, verás que hay de todo menos criminales" (p. 78); "Os lo quitaron, hijo. Os lo quitaron un día en una tierra lejana, pronto hará veintitrés años" (p. 78); "Lo del pelo corto en señal de luto no se lo he contado a nadie, ni siquiera a tu padre. Sólo a ti, hijo mío, a ti solamente" (p. 78); "Yo ahora, hijo de mi vida, veo igual que si la tuviera delante la madre Jacinta la mañana en que escribía en el encerado aquellos párrafos tediosos sobre los musgos y los helechos" (p. 79); "Sentía ganas de arrearle un cachete. No soy pegona, hijo, nunca lo he sido, así que no temas" (p. 82); "A mí, hijo, lo de la situación extrema me daba que pensar" (p. 83).

terpolaciones ajenas u otros puntos de vista. Los personajes aquí asisten al atentado contra un vecino en un pueblo del País Vasco, pero prefieren no implicarse, optando por la indiferencia como única respuesta frente al hostigamiento de ETA. Se podría concebir el discurso entre emisor y receptor como una crónica fidedigna de lo ocurrido, que pone el foco de nuevo en las consecuencias enfrentadas por las víctimas indirectas, en este caso, los vecinos del pueblo en el que se ha perpetrado el atentado, cuya postura es la de meros espectadores de la barbarie etarra.

2.2. SEGUNDA PARTE

Presento ahora la tabla que sintetiza la información del tipo de emisor, receptor y personas gramaticales en los relatos de 6 a 10 de la colección de cuentos objeto de análisis en esta investigación:

Informe desde Creta	***Enemigo del pueblo***	***Golpes en la puerta***	***El hijo de todos los muertos***	***Después de las llamas***
Emisor: mujer, marido, madre, colegas (yo, tú, él)	**Emisor**: narrador omnisciente	**Emisor**: desdoblamiento del yo	**Emisor**: narrador omnisciente	**Emisor**: todos los personajes
Receptor: psicóloga (tú)	**Receptor**: lector	**Receptor**: el mismo protagonista (yo), el amigo (tú)	**Receptor**: lector	**Receptor**: lector/ espectador, cada personaje

Tabla 2

Emisor, receptor y personas gramaticales en los cuentos de 6 a 10

2.2.1. Informe desde Creta

El sexto relato es el único que se presenta en formato epistolar. Se trata, más concretamente, de un correo electrónico, que no es más que la modernización del clásico género epistolar. A pesar del formato digital, también en este caso se puede hablar de monólogo interior, ya que no hay ningún punto y aparte, exceptuando el encabezamiento inicial[9]. Aquí la narradora es la mujer de una víctima de ETA que escribe a la psicóloga de su difunto marido. El punto de focalización principal es el de la autora del correo, pero aparecen de vez en cuando las palabras del marido, de los compañeros de trabajo, de la suegra y de la psicóloga a la que van dirigidos los correos. Aquí se superponen dos voces narrativas: la de la mujer, que transcribe los diálogos del fallecido, y la de este último, que le cuenta lo que le pasó a su padre, lo que indica que se trata de otra víctima secundaria más de las muchas que hallamos en esta colección de relatos. Además, como ya ha subrayado Rivas Hernández (2009), a propósito de la mezcla de varias personas gramaticales, esta amalgama:

> [...] permite reflejar de forma extraordinaria la magnitud y la intensidad de un atentado cuyas consecuencias, a pesar de que se produjo en un pasado remoto, se mantienen en el presente, lo que obliga, además, a mezclar personajes de varias épocas y circunstancias. (2009, p. 225)

2.2.2. Enemigo del pueblo

El cuento número siete relata la lenta y progresiva exclusión de la vida social de su entorno de un individuo en un pueblo vasco. Aquí el autor se sirve de la tercera persona del singular, que caracteriza el discurso del narrador omnisciente, e inserta, además, el estilo indirecto a través de preguntas y otros verbos de enunciación,

---

[9] "Mi querida amiga: Tenías razón" (p. 103).

como en el caso, por ejemplo, del último párrafo: "A los pocos metros se volvió y, con la cara demudada y ademanes nerviosos, le susurró a Zubillaga: Bórralo antes de que lo vean tus vecinos" (p. 158). También aparece la primera persona singular, cuando se relata la participación del protagonista en la Guerra Civil española, sin la presencia de signos de puntuación y dirigiéndose directamente a su mujer[10], como si su alma extrapolase los límites del cuento. O quizás podría tratarse de un caso similar al de "Maritxu": alguien que habla consigo misma pero que, a la vez, relata los acontecimientos como si les hubiesen sucedido a terceras personas. Otro punto de convergencia es que en ambos relatos los protagonistas mantienen conversaciones con los difuntos, pese a que en ninguno de los casos los muertos logran dar explicaciones o consuelo a los vivos que les invocan[11].

2.2.3. Golpes en la puerta

Este relato, el número ocho, presenta un desdoblamiento del narrador, un recurso que se pone de manifiesto también desde el punto de vista gráfico: el autor utiliza la cursiva cuando se relatan hechos pasados que pertenecen a la infancia del protagonista, mientras que usa la letra redonda para narrar los eventos del presente. Lo que salta a la vista de inmediato es la preponderancia de diálogos en estilo directo en la parte escrita en cursiva, mientras que en la otra parte se describe la situación y también los pensamientos del emisor de forma no dialógica. Este artificio de la doble voz le permite al narrador-protagonista conversar consigo mismo, al tiempo que imagina ser

[10] "Total, que en lugar de fusilarlo como a tantos gudaris de su quinta, lo destinaron a un batallón de trabajadores. Salí vivo y me pude casar contigo, no lo olvides" (p. 147).

[11] Alonso-Rey apunta que este tipo de narrador (heterodiegético no omnisciente) hace una "crónica objetiva tanto de los ataques como de las reacciones", así que aparece como espectador prudente que no va a contracorriente (2016, pp. 7-8). Por su parte, Rivas Hernández añade que "la objetividad del narrador heterodiegético le desvincula de la implicación emocional y ética con respecto al cuento" (2009, p. 227).

dos personas distintas. Mediante este recurso se intensifica la dureza del encarcelamiento y las consecuencias de la violencia sobre otro tipo de víctimas secundarias. Además, el cuento se cierra con una pregunta a un interlocutor que se podría considerar imaginario, dado que el Koldo al que va dirigida la interrogación murió hace tiempo[12]. Podría tratarse de otro tipo de monólogo interior, dado que el fluir de la conciencia se ve interrumpido solamente por los recuerdos de quien habla y por su amigo fallecido. Tampoco en este caso los receptores directamente interpelados contestan, de modo que el lector solo cuenta con la versión de los hechos transmitida por los emisores.

2.2.4. *El hijo de todos los muertos*

Encontramos otro narrador en tercera persona en "El hijo de todos los muertos", pero también aquí los diálogos en estilo directo interrumpen el hilo de la narración, introduciendo otros puntos de vista. Sin embargo, en el caso de la llamada telefónica recibida por el protagonista[13], se inserta solamente la parte que el narrador puede escuchar al estar presente. En lo que respecta a las respuestas de la otra parte, tan solo puede intuirlas, lo que resta omnisciencia a la tercera persona y subraya la función de testigo ocular del narrador en aquel momento concreto. Esta parcialidad en el acceso a la información refleja también la soledad de la mujer que hace la llamada, como si la principal voz emergente en esta colección de cuentos fuera la de las madres como víctimas secundarias, cuyo papel se limita a sufrir en silencio, intentando proteger a sus hijos. La transcripción incompleta del mensaje refleja, de alguna manera, las preguntas que quedan sin responder en los monólogos interiores con los muertos o con los presos que ya he mencionado a lo largo de este análisis. Al

[12] "No sé mi estás escuchando, pero por si acaso te lo digo. Koldo, ¿me escuchas?" (p. 175).

[13] Se trata de la llamada de la madre en cuanto se entera de que le han contado al protagonista la historia del asesinato del padre (pp. 184-185).

narrador le falta la otra mitad del diálogo y eso refleja lo difícil que resulta mantener esta conversación sobre el dolor de la pérdida, no solo para el hijo, sino también para la madre que, consecuentemente, oculta parte de los hechos realmente acontecidos.

2.2.5. Después de las llamas

Llegamos así al último cuento, "Después de las llamas". En este caso el texto abandona su estructura tradicional y entra en otra dimensión, dado que se organiza en formato de obra de teatro: la escena se describe en cursiva, los diálogos van precedidos del nombre del actor en mayúsculas y se dan indicaciones de cómo debe hablar este entre paréntesis, a modo de clásicas acotaciones de un texto teatral. Aquí todos alzan la voz, las víctimas y los arrepentidos, como si en conjunto formasen, de alguna manera, parte del enfrentamiento, directa o indirectamente. Pero esta vez son los protagonistas quienes hablan, nadie ocupa su lugar. Es una representación lo más fidedigna posible de la realidad de todos aquellos que están o han estado relacionados con la violencia etarra. Ningún narrador puede ponerse en su lugar, así que aquí solo el receptor y el emisor desempeñan el papel de protagonistas de la barbarie. Esto vale también para cada uno de los lectores, que interpreta lo sucedido a su manera y en función de sus convicciones. De este modo, se representan los hechos de manera contemporánea y real, (re) actualizándolos hasta el infinito, en un intento de rememoración del sufrimiento, pero también del acercamiento entre víctimas y verdugos.

3. CONCLUSIONES

Para concluir, tras realizar este breve análisis de personas gramaticales y voces narrativas en los relatos de *Los peces de la amargura*, parece evidente que todavía queda mucho por investigar, no solo en relación con la escritura de Aramburu, sino también, y en particular, en lo concerniente a esta colección de cuentos. La primera característica que llama la atención es el desajuste operado por Aramburu en cuanto a la típica escisión del punto de focalización de los relatos en la primera persona del singular (subjetiva) y la tercera persona del singular (objetiva y omnisciente). Como ya se ha subrayado antes, el tema de la violencia etarra ha sido tratado en ocasiones previas por el autor y se prevé que siga haciéndolo en obras venideras. Las varias voces y las diferentes maneras de enfocar cada tragedia crean un coro de puntos de vista que ponen de manifiesto la pluralidad de experiencias de los emisores del discurso. En cambio, en la mayoría de los casos, el receptor es un solo individuo o unos pocos, como si la violencia fuese algo sobre lo cual no se puede hablar en gran grupo o sobre lo cual no se espera retroalimentación. No obstante, en el último cuento, "Después de las llamas", que traspasa las barreras tradicionales del género, se abre la puerta a un nuevo formato de discurso, como si el mero hecho de contar ya no fuese suficiente. Se percibe así la necesidad de una representación total de la barbarie, también a nivel visual, en la que cada personaje asume responsabilidad por sus propias palabras. Además, atendiendo a la estructura teatral de este relato, podemos afirmar que aquí el autor sale de escena y da voz a los personajes, subrayando de esta forma que en este cuento el diálogo es la realidad primaria[14], y, en última instancia, lo que propiciará el debate esperable entre víctimas y carnífices.

Nallet (2015), al estudiar las novelas de la memoria de Manuel Vázquez Montalbán, destacó la relevancia de la voz en el arte de narrar, ya que es fundamental que quienes han testificado unos determinados acontecimientos sean capaces de contar su experiencia. Si bien resulta imposible contarlo todo, la magia de la ficción permite la multiplicación de las voces discursivas:

---

[14] Para profundizar en las diferencias entre teatro y novela, consúltese Tacca (1973, p. 22).

> Está claro que la restricción subjetiva del punto de vista del testigo imposibilita una representación total de lo que pasó. La fuerza de la ficción propia de la literatura permite un acceso a múltiples testimonios posibles, incluso de personas desaparecidas. (2015, p. 123)

Por su parte, Oscar Tacca (1973) puntualiza que ni siquiera la multiplicación de voces narrativas operada por la literatura permite alcanzar la verdad absoluta:

> [...] es natural que, junto a la convicción de que sólo se llega a la verdad mediante la multiplicación de los enfoques exista otra, mucho más escéptica, de que no hay verdad, sino verdades, o, en todo caso, de que el conocimiento de *la* verdad, en la esfera de lo humano, es inalcanzable. (1973, p. 99)

Esta es precisamente la sensación que queda después de la lectura de *Los peces de la amargura*: el caleidoscopio de voces narrativas y personas gramaticales sólo permite interpretaciones parciales, puesto que cada narrador ofrece "su verdad" al lector, que debe, por ello, desempeñar un rol activo en la reconstrucción de los hechos.

REFERENCIAS BIBLIOGRÁFICAS

Alonso-Rey, M. D. (2016). Víctimas del terrorismo: Trauma y superación en *Los peces de la amargura* de Fernando Aramburu. *Tonos Digital*, *31*, 1-20.

Aramburu, F. (1996). *Fuegos con limón*, Tusquets.

Aramburu, F. (1997). *No ser no duele*, Tusquets.

Aramburu, F. (1999, 09 de agosto). Karnaba. *El país*. https://elpais.com/diario/1999/08/09/opinion/934149606_850215.html

Aramburu, F. (2006). *Los peces de la amargura*, Tusquets.

Aramburu, F. (2012). *Años lentos: gentes vascas 2*, Tusquets.

Aramburu, F. (2016). *Patria*, Tusquets.

Butor, M. (1977). *6 saggi e 6 risposte su Proust e sul romanzo*, Pratiche.

Calsamiglia Blancafort, H. & Tusón Valls A. (2001). *Las cosas del decir. Manual de análisis del discurso*, Ariel.

Díaz de Guereñu, J. M. (2007). Intimidad del daño. Las víctimas del terrorismo en *Los peces de la amargura* de Fernando Aramburu. *Monteagudo*, *12*, 185-196.

Nallet, T. (2015). Voces y personas gramaticales en *Galíndez* (1990) y *Autobiografía del general Franco* (1992) de Manuel Vázquez Montalbán. *MVM: Cuadernos de Estudios Manuel Vázquez Montalbán*, *2*(1), 122-154.

Posey, A. (2019). Rhetorical self-fashioning in Aramburu: a contemporary take on Cervantine techniques. *Mester*, *48*(1), 57-75.

Rivas Hernández, A. (2009). Modos de contar la barbarie en *Los peces de la amargura*, de Fernando Aramburu. *Letras de Deusto*, *39*(125), 223-231.

Tacca, O. (1973). *Las voces de la novela*, Gredos.

La poética del yo en el personaje de Celia, de Elena Fortún

ALICIA VARA LÓPEZ

Universidad de Córdoba
alicia.vara@uco.es

RESUMEN

La novela *Celia en la revolución* fue escrita en 1943 por Elena Fortún en el exilio y se publicó de forma póstuma en 1987. Protagonizada por una Celia adolescente, la obra refleja el fin de la infancia de la protagonista, así como la desintegración de su familia como consecuencia de la Guerra Civil. Celia, a lo largo de un periplo por distintas ciudades españolas, muestra una perspectiva de la guerra muy diferente a la de los relatos androcéntricos, pues da voz a las mujeres en su trabajo comunitario de cuidado y mantenimiento de la vida. Se trata de un punto de vista que coincide con el de la propia autora, dado su interés por la infancia y su labor periodística en granjas escuela, refugios y hospitales durante la contienda. Este trabajo tiene como objetivo destacar el valor artístico y testimonial de *Celia en la revolución* y analizar la creciente presencia de la espiritualidad en los discursos y descripciones de la protagonista, que relata sus experiencias e impresiones hasta su partida al exilio. Con la inminente derrota del bando republicano, va aflorando a lo largo de los capítulos el intenso mundo interior de Celia, que emerge como un refugio frente a la violencia. Así, destacan pasajes en los que la joven describe con emoción las estaciones, los objetos de la residencia familiar o una pintura de la Virgen. Su vitalismo, la búsqueda de la belleza y la tendencia a la ensoñación actúan como mecanismos de resistencia en momentos de crisis.

PALABRAS CLAVE: *Guerra Civil*, Celia en la revolución, *Elena Fortún, lirismo, espiritualidad*

ABSTRACT

Celia in the Revolution was written by Elena Fortún while in exile and was published posthumously in 1987. Featuring Celia as a teenager, the literary work reflects the end of the protagonist's childhood, as well as the disintegration of her family as a consequence of the Civil War. Throughout her journey along distinct Spanish cities, Celia reveals quite a different perspective from the male-oriented stories of the war. She does so by giving voice to women in their community work of care and support of livelihood. It is a point of view that coincides with that of the author, given her interest in childhood and her journalistic work in farm schools, shelters, and hospitals during the conflict. The objective of this piece of work is to highlight the artistic and testimonial value of *Celia in the Revolution*. As well as to analyze the growing spiritual presence in the discourse and descriptions of the protagonist, which relates her experiences and impressions leading up to her departure in exile. With the imminent defeat of the Republican faction, over the course of the chapters Celia's intense inner world begins to surface, emerging as a refuge in the face of violence. Her emotive descriptions of the seasons, family home objects, or a painting of the Virgin Mary are some of the passages that stand out. Her vitality, her seeking of beauty and her tendencies to daydream serve as mechanisms of resistance in moments of crisis.

KEYWORDS: *Civil War,* Celia in the Revolution, *Elena Fortún, lyricism, spirituality*

1. INTRODUCCIÓN

La novela *Celia en la revolución*, de Encarnación Aragoneses (1886-1952) –más conocida como Elena Fortún– cuenta con una historia compleja y accidentada, caracterizada por notables olvidos en su recepción. En el exilio, en Buenos Aires, la autora termina a lápiz un borrador manuscrito de la pieza, en 1943. Gracias al trabajo incansable de su editora y biógrafa Marisol Dorao, la novela se publica por primera vez de forma póstuma en la editorial Aguilar en 1987. No obstante, durante el proceso, el manuscrito autógrafo se pierde (Dorao, 1999).

En 2016, la editorial Renacimiento reedita la novela, utilizando como texto base una copia del manuscrito que plantea algunas dudas debido a su escasa legibilidad. La publicación se produce en un momento en el que varias especialistas en la obra de Elena Fortún (como Nuria Capdevilla-Argüelles y María Jesús Fraga, entre otras) se esfuerzan en poner en valor su legado, algo que probablemente influye en un reciente giro en la historia del manuscrito perdido: el 10 de noviembre de 2021 se registra en la Biblioteca Regional de Madrid –donde se encuentra el archivo de la obra de Elena Fortún– una donación anónima del manuscrito hasta entonces desaparecido, hecho que pone el foco en la obra y su autora.

No obstante, este interés no siempre estuvo presente en la historia de la novela que nos ocupa. De hecho, en su primera edición, la obra tuvo una recepción muy discreta en relación con su valor literario y testimonial[1]: "Salvo alguna breve referencia en la prensa especializada en literatura infantil, quedó completamente relegada al olvido" (Campos Cacho, 2019, s.p.). Todo apunta a que este desinterés responde al hecho de que gran parte de la obra de Elena

[1] Carmen Martín Gaite (2002, p. 101) pone de manifiesto la exclusión de la obra del canon literario y propone reubicarla como fuente no reconocida del realismo social de los años 50.

Fortún se enmarca en el ámbito de la literatura infantil, un género a menudo infravalorado[2]. En efecto,

> [...] aunque el público adulto nunca ha dejado de consumir sus textos, Fortún se dirigía a los lectores más jóvenes y en proceso de formación, siguiendo los dictados pedagógicos del Instituto Escuela y de la Institución Libre de Enseñanza, donde estudiaba su propio hijo. (Mascarell, 2021, p. 143)

Otro factor relevante que ha contribuido a la desatención de la pieza es el hecho de que la novela está protagonizada por una adolescente que relata la experiencia de la guerra desde una perspectiva muy poco androcéntrica. El periplo de la narradora por ciudades de la zona republicana (Segovia, Madrid, Valencia, Albacete, Barcelona, Madrid y regreso a Valencia) se relata desde un enfoque muy alejado de la tradición literaria patriarcal (Vara López, 2019). En efecto, la inocente y curiosa Celia inicia, empujada por las circunstancias, un viaje similar al del héroe clásico, si bien lo narra desde un punto de vista antibélico y crítico con la escala de valores impuesta por los hombres (Fraga, 2012). La adolescente, tras la pérdida de su familia, siente la imperiosa necesidad de sobrevivir por su cuenta y muy pronto reconoce en su entorno valores como la solidaridad, la valentía y la generosidad. Un elemento constante en todo su recorrido es el apoyo que encuentra en redes de mujeres que se esfuerzan por mantener la vida en la retaguardia.

A diferencia de otros relatos de la Guerra Civil, en *Celia en la revolución* se presta especial atención a la infancia, en consonancia con la importancia que otorga la autora a esta etapa vital. Se trata de una novela sobre la guerra muy anómala, tanto por la

---

[2] *Celia en la revolución* forma parte de la saga del personaje de Celia, publicado desde 1928 en *Gente menuda*, a modo de serie de relatos. La fama de este personaje llega cuando la autora comienza a publicar estos episodios en Aguilar, a partir de 1934 (Capdevila-Argüelles, 2005; Bravo-Villasante, 1986).

selección de una protagonista adolescente como por el hecho de que se da voz a discursos de mujeres de distintos signos políticos y niveles socioeducativos, que coinciden en la exposición de argumentos contra la violencia. Acaso esta mirada crítica con la brutalidad que produce una guerra (sin exculpar a ninguno de los bandos) tenga que ver con el posterior rechazo de la obra desde distintas órbitas ideológicas.

Es innegable el vínculo de Celia y de la propia Encarnación Aragoneses con los valores de la República, si bien la novela va más allá del habitual posicionamiento en uno de los bloques antagónicos (Trapiello, 2016). Le interesa más centrarse en el reconocimiento del papel de las mujeres durante el conflicto bélico. Esta visión poco maniquea y rica en matices es una de las señas de identidad del personaje de Celia y coincide con la fuerte personalidad de Elena Fortún, una autora incómoda tanto para la órbita franquista como para la republicana (Vara López, 2019, pp. 166-168; Mascarell, 2021, p. 144).

En ese orden de ideas, el presente trabajo tiene como objetivo poner en valor la novela *Celia en la revolución*, de acuerdo con su importancia artística y testimonial desde la óptica de la Historia de las Mujeres. Asimismo, se pretende arrojar luz sobre la creciente presencia de la espiritualidad en los discursos y descripciones expuestos por Celia a lo largo de su recorrido por distintas ciudades. Para ello, se estudiarán recursos simbólicos y estilísticos relacionados con la tendencia de la protagonista a aferrarse a recuerdos de la infancia o experiencias sensoriales placenteras que la alejan del acecho de las bombas. Celia resiste en un entorno hostil gracias a altas dosis de creatividad y vitalismo. Los pasajes más íntimos, marcados por la tendencia a la contemplación y la ensoñación, responden a la necesidad de preservar su sensibilidad estética y su humanidad en un entorno cruel y embrutecido. La protagonista logra mantener su conexión con la vida a través de breves pero intensos momentos en los que el miedo cede ante la búsqueda de la belleza.

2. La fractura de la guerra en Elena Fortún y Celia

El Golpe de Estado de 1936 da inicio a una guerra que altera la vida de Encarnación Aragoneses, integrada por aquel entonces en círculos intelectuales y republicanos en los que gozaba de un reconocimiento notable. No obstante, la autora mantiene su residencia en Madrid durante la contienda y adapta su tarea creativa a las nuevas circunstancias. Con el propósito de servir de ayuda durante el complicado período bélico, intensifica su actividad periodística, centrada en dar testimonio sobre la vida en la retaguardia[3]. Realiza varios viajes para documentar el funcionamiento de granjas escuela, hospitales y albergues, que aparecen más tarde reflejados en la novela que nos ocupa (Franco, 2006)[4].

Celia en la revolución se construye a través de la voz de la protagonista, que transmite con gran sensibilidad sus impresiones acerca de la guerra en forma de diario. Se trata de una novela de aprendizaje, que encaja en los criterios del *Bildungsroman*. Este género surge como "un proceso de concienciación en el que la voz narradora trata de adquirir alguna verdad, un trozo de saber prístino, para asentar las bases de su comprensión del mundo" (Capdevilla-Argüelles, 2005, p. 264). De acuerdo con esta perspectiva, el personaje central de Celia muestra un papel activo en la novela y describe su interacción con el contexto que la rodea.

Su relato cuenta con un componente multisensorial, pues –a través de referencias a los cinco sentidos– retrata los sonidos, los olores y los sabores de la guerra. Sirva como ejemplo la descripción del personaje de Valeriana, la heroica cuidadora que acompaña a

[3] En 1926 Elena Fortún comienza a publicar artículos de corte feminista en el diario *La Prensa* de Tenerife, coincidiendo con un destino temporal de su marido. A partir de entonces, colaborará en otras publicaciones como *Royal* o *La Moda Práctica* (Fraga, 2013).

[4] Diversos estudios sobre Elena Fortún destacan su empatía por la infancia, en relación con su vínculo con la Institución Libre de Enseñanza (Capdevila-Argüelles, 2005; Fraga, 2012; Mascarell, 2021).

Celia y a sus hermanas pequeñas al inicio de la novela mientras se alejan de Segovia en burro en medio de la noche. La narradora asocia a esta mujer con una agradable sensación de seguridad. El valor de Valeriana se cifra en la calidez y cercanía de su trato con las niñas, a las que protege con su propio cuerpo y con valiosos recursos propios de la sabiduría popular. Celia destaca el poder casi milagroso de las oraciones, las canciones infantiles y el chocolate caliente, elementos que la conectan con el amparo del hogar perdido (Fortún, 2016, pp. 45-49).

La protagonista transmite en su diario, de manera detallada, los olores de una noche marcada por la desesperación de la huida: "La noche huele a eras y a paja. Se oyen los cencerros de los bueyes que descansan del trajín del día… […] Se oyen caballos que se acercan. Otra vez la Guardia Civil" (Fortún, 2016, p. 43). El componente multisensorial de las descripciones se incrementa con el avance de la novela, cuando la protagonista choca con la muerte y la devastación: "Aquí hay silencio, polvo, suciedad, calor y hombres que ocupan el tranvía con fusiles al hombro" (Fortún, 2016, p. 58).

Tras la gratificante pero breve experiencia con Valeriana, la adolescente se ve obligada a continuar su camino por su cuenta, pero nunca llega a sentirse desamparada. En efecto, en distintos contextos, encuentra protección y acogida en grupos de mujeres que permanecen activas, resisten frente a la barbarie y arriesgan su vida por el bien común. Frente a la violencia generalizada, mujeres de distintas edades, signos políticos y extractos socioculturales ponen en funcionamiento escuelas, albergues, refugios y hospitales, al mismo tiempo que emiten discursos antibélicos, desmitificadores de los "héroes" de la contienda. De manera recurrente, los hombres figuran mencionados como "los otros", "los locos", al tiempo que emerge un "nosotras" que reivindica la cordura y el sentido común (Vara López, 2019).

En este contexto feminizado de la retaguardia figuran múltiples referencias a la progresiva escasez de alimentos. La necesidad de comprar y preparar comida resulta apremiante para quienes velan por el bienestar de la comunidad. Una vez más, la protagonista se acerca a espacios a menudo ignorados en los relatos de perspectiva androcéntrica, para aportar detalles sobre la preparación de ciertas comidas, la falta de aceite, las estrategias para suplir las carencias y el racionamiento… Al mismo tiempo, aunque la narradora se hace eco de la responsabilidad de muchas mujeres y se conecta con el deber de sobrevivir, no deja de expresar también la repugnancia que siente al ver en el plato hierbas e incluso carne de perro o de rata (Vara López, 2019).

3. Madrid, el paraíso perdido

La ciudad de Madrid, emblema de la modernidad durante la República, cuenta con un gran peso en la biografía de Elena Fortún. Allí nace la autora, vive durante los años más productivos de su carrera y mantiene una casa en propiedad durante el exilio (Mascarell, 2021, p. 144). Después de varios destinos militares de Eusebio de Gorbea, el marido de Aragoneses, el matrimonio se instala en la capital. Entonces, la autora inicia una etapa en la que contacta con varias iniciativas sociales y culturales entre las que destacan la Liga Femenina por la Paz o el conocido Lyceum Club, dirigido por María de Maeztu (Aguilera Sastre, 2011; González Naranjo, 2015). Durante este período, Elena Fortún se integra en círculos cultos y progresistas y entabla amistad con figuras como María Baeza, Victoria Kent, Zenobia Camprubí, María Martos o Matilde Ras (Mangini, 2001; Capdevila-Argüelles y Fraga, 2015). En la Residencia de Señoritas se intensifica su actividad intelectual y su interés por la educación.

Tras esta etapa de florecimiento cultural y artístico de la autora, con la Guerra Civil, Madrid pasa a ser emblema de la resistencia al fascismo. A la protagonista de *Celia en la revolución*, que llega desolada a Madrid desde Segovia tras el fusilamiento de su abuelo, no le pasa inadvertido el brutal cambio que experimenta la urbe, que destila sufrimiento[5]. Celia capta, en descripciones marcadas por la antítesis, cómo el Madrid "amplio y soleado" que recuerda se encuentra en los primeros meses de guerra "solitario", sin coches ni tranvías, con sus jardines "mutilados" y los estanques "secos":

> ¡Cómo ha cambiado Madrid! El paseo de la Castellana, amplio y soleado, con enormes árboles aún desnudos, está casi solitario... Ni coches ni tranvías. Los jardines del Museo de Historia Natural han sido mutilados aquí y allí. Yo conocía una a una todas sus plantas... El estanque de rocas está seco. (Fortún, 2016, pp. 256-257)

La narradora insiste en relatar cómo la ciudad muestra su malestar no solo en las calles y edificios, sino también en la pérdida de modales entre las personas o la destrucción de símbolos religiosos que constituyen un valioso legado artístico (Mascarell, 2021, p. 153)[6].

Celia alterna la expresión de su dolor con la observación de elementos naturales y experiencias sensoriales de gran belleza que coexisten con el terror y actúan como bálsamo. Sirva como ejemplo el capítulo 21, "Primavera en Madrid", en el que la joven trata de buscar el consuelo en la observación de la primavera:

> Es una primavera áspera, dura, sin la alegría de otras primaveras. El aire fino, sutil, de meseta, claro, transparente y frío como agua de manantial, me envuelve, refresca mis mejillas y corre entre mis dedos. ¡Primave-

[5] "En sus páginas se escucha a una Celia que ha dejado atrás el espíritu infantil y risueño de los años de la Segunda República para convertirse en una joven atónita ante la destrucción de su familia, de su futuro, del mundo abierto, culto y cosmopolita que disfrutó de pequeña y cuyo epicentro estaba representado por la urbe madrileña. Transformada ahora en un espacio sometido por la violencia, en modo latente o en su más cruda plasmación, la ciudad se caracteriza por su aspecto polvoriento, desordenado y amenazador" (Mascarell, 2021, p. 153).

[6] Para profundizar el recorrido de Celia por la ciudad de Madrid puede consultarse Fraga (2019).

> ra!… Primavera en Madrid, que es la más fría y clara de las primaveras… no lo sé por mí, pero papá me lo ha asegurado. Y el aire fino de agua serrana saca las lágrimas a mis ojos. (Fortún, 2016, p. 255)

Como se verá en otros apartados, son muchos los paisajes, objetos y experiencias que transportan a Celia a momentos pasados en compañía de su familia. La narradora presta atención a menudo a los cambios que se producen en el paisaje, debidos al transcurso del tiempo. Los ciclos naturales son una muestra del carácter imparable de la vida frente al asedio de las bombas. Celia, consciente de este triunfo de la naturaleza contra la barbarie, busca disfrutar de la belleza de su entorno en experiencias sensoriales placenteras que actúan como refugio frente al miedo. La joven se resiste, como adolescente, a que su desarrollo personal se vea interrumpido por el caos circundante y se entrega al deleite de observar y sentir los paisajes.

Destacan en este sentido las alusiones al otoño, que la joven asocia con un placentero frescor:

> Mediodía; la sombra de los árboles es apenas una mancha junto al tronco. De súbito nos da en la cara el viento fresco, sutil y seco que viene de la sierra, moviendo suavemente las hojas de los árboles que se ponen de canto y con murmullo de seda… –Comienza el otoño– digo. Y siento en el pecho esa gozosa emoción que produce el cambio de las estaciones… ¡Otoño! (Fortún, 2016, p. 112)

La emoción se ve a menudo vinculada a una reacción de *admiratio* por parte de Celia, que no pierde la capacidad de sorprenderse y estremecerse ante la belleza. En los fragmentos que se muestran a continuación, la narradora destaca que el avance de la guerra no ha impedido la llegada de una primavera dulce y florida, capaz de estimular sus sentidos. Destaca cómo la joven observa el paisaje desde el autobús y disfruta del sol radiante, el azul del mar y el efecto colorido de las flores y los huertos:

> [...] hay mujeres que cosen a la puerta tomando el sol de esta dulce mañana de primavera. (Fortún, 2016, p. 246)

> Por la ventanilla del ómnibus veo el mar azul iluminado por el sol radiante... ¡No puede haber hoy guerra con este día! Los campos están florecidos con grandes manchas amarillas y blancas... El aire trae perfumes de marzo. (Fortún, 2016, p. 246)

> Según nos acercamos a Valencia los pueblos están menos castigados... ¡Ya huele el azahar de los huertos! (Fortún, 2016, p. 316)

4. CELIA DICE ADIÓS A LA INFANCIA

Para realizar un análisis de los pasajes de la novela que aluden a la ruptura de Celia con su familia y su pasado, conviene detenerse en el episodio en el que la joven se despide de la residencia familiar en Madrid, la cual contempla como símbolo de su infancia. En un pasaje lleno de nostalgia, la adolescente siente la necesidad de recorrer las distintas estancias y los jardines de la casa vacía para decir adiós a su niñez. Se trata de un momento de gran intensidad emotiva en el que los objetos de la infancia conectan a Celia con su añorada familia. En el pasaje que se expone a continuación, llama la atención el recurso de la *enumeratio*, que sirve para poner en valor una larga lista de objetos y elementos del mobiliario de enorme valor sentimental, que Celia va observando en su recorrido de despedida. La narradora, consciente de que no hay lugar en su nueva etapa para todos esos tesoros familiares, los describe de manera precisa, con aclaraciones y detalles acerca de su tamaño, color, materiales o textura. Celia desea fijar en su recuerdo cada uno de estos elementos que la transportan a un entorno cálido y familiar:

> Yo no puedo remediar el deseo de entrar en casa a cada momento para ver el vestíbulo, con la alfombra grande, espesa y roja, los enormes sillones de tapicería, las librerías de roble y aquella fragata Santa María

> que compraron mis padres cuando yo era chica… y el comedor con el retrato de mamá pintado al óleo, en el marco ovalado; la lámpara de plata y cristal; los muebles de raíz de roble… […] Y luego en mi cuarto el armario de palo santo que fue de mamá y que por dentro es de cedro oloroso, y su camita de soltera… y junto a mi cuarto, la habitación de las nenas con las camitas blancas y el armario con figuritas en relieve. (Fortún, 2016, p. 264)

Para destacar la tristeza y la nostalgia que la embargan, Celia personifica la casa y la convierte en cómplice de sus anhelos. La adolescente, en una carta al padre, retrata la vivienda como un ser lleno de vida, que se encuentra en ese momento en actitud de espera, con el deseo de volver a albergar a la familia una vez superada la guerra. La narradora destaca la deslumbrante belleza de la residencia y, aunque intuye que la separación es definitiva, no puede evitar fantasear con la posibilidad de un futuro feliz en ese hogar. Es así como anuncia al padre que plantará flores que alegrarán el ansiado reencuentro:

> Estoy contemplando la casa… La encuentro preciosa, ¿verdad? Voy a plantar geranios en las jardineras de las ventanas para que desde dentro se vean las flores… Por la noche escribo a papá: "La casa os está esperando a ti y a las niñas. Te vas a asombrar cuando la veas tan bonita. Cuando estemos juntos…". […] Lejos se oyen fusilería y estallidos… ¡Me había olvidado de la guerra!". (Fortún, 2016, p. 265)

El tono de despedida se hace más patente en la parte final de la novela, cuando Celia se encuentra ya en Valencia, a la espera del buque que la llevará al exilio. En esta etapa, la adolescente va tomando conciencia de que la derrota del bando republicano conlleva una pérdida definitiva de su infancia y se refugia más que nunca en su mundo interior. Llama la atención la metáfora náutica que utiliza para describirse a sí misma a la deriva[7]:

---

[7] "Celia, que no pertenece, ni quiere pertenecer, a ningún partido, es republi-

> Miro a la calle por la ancha ventana... El sol ilumina las aceras por donde pasa la gente, ¡esas aceras y esa gente que ya no veré más...! ¡Y me alegro! Ahora siento alegría de dejar esto... Era yo como un barquito que navegaba con todas las velas al aire... y una tras otra van cayendo. Todos dicen que me quieren, pero aseguran que soy su enemiga, y ellos lo son de mi padre... ¡Mentían antes! ¡Mentían por miedo! El pueblo les fusilaba porque sabía que mentían... (Fortún, 2016, p. 341)

Poco a poco, la narradora se percata de su soledad, así como de la necesidad de buscar fuerzas para emprender un viaje rumbo al exilio. No faltan en este tramo final de la novela alusiones explícitas a la despedida, no exentas de lágrimas y amargura. La red de mujeres que protegía a Celia ya no puede ampararla en el nuevo escenario de triunfo franquista:

> Me despido de todos en el momento en que llega Fifina.
> –¿Te vas? ¿Te embarcas? –me dice.
> –Sí... ahora mismo... Ya debe de estar el coche esperándome...
> Salimos a la calle y digo:
> –¡Son de derechas!
> –¿Quiénes?
> –Rosita y su marido... y hasta Luis y Marcela.
> –¿Luis? No lo creo... Pero es lógico. La clase media es toda de derechas... y ahora los pocos que no lo fueron se hacen... Los vencidos tienen pocas simpatías. [...]
> ¡Son las tres menos veinte! Me levanto. Tengo que irme ya.
> – Me quedo aquí –dice Fifina, y me besa.
> Veo sus ojos llenos de lágrimas.
> –Hasta la vuelta –le digo.

---

cana de corazón, como su padre, como Eusebio de Gorbea y Lemmi, como Encarna Aragoneses. Y sigue siéndolo hasta el final, cuando ya sabe que la guerra está perdida, cuando, por serlo, se encuentra sin dinero, sin casa y sin patria" (Dorao, 2016, p. 26).

> –Hasta que Dios quiera…
> Cruzo deprisa la plaza, y al llegar a la esquina de la calle me vuelvo. Fifina sigue sentada en el banco sin mirarme y se limpia los ojos…
> –¡Adiós…! –digo bajito… (Fortún, 2016, pp. 341-342)
> Me quedo sola en la ancha acera bajo los árboles aún desnudos de hojas… ¡Sola…! Todos, uno tras otro, han ido dejándome sola antes de que me fuera…
> –¡No, no estoy sola! –me repito para darme ánimos–. ¡Estoy en las manos de Dios! (Fortún, 2016, pp. 343-344)

Ante este panorama de soledad e incertidumbre, Celia recurre a la espiritualidad como herramienta de supervivencia. Tras despedirse de su infancia y de la red de solidaridad que la mantuvo con vida durante la contienda, en aquel momento –justo antes de iniciar su nueva vida– solo puede recurrir a Dios y a la Virgen. Surgen, entonces, momentos en los que Celia se evade de la realidad buscando la elevación espiritual como refugio. Sirva como muestra el pasaje en el que la narradora encuentra en la soledad de su habitación de Valencia una pintura de la Virgen María igual a la que estaba en su colegio. Resulta especialmente significativo el instante en el que, a falta de refugio humano, Celia busca calma y consuelo en los ojos de la Virgen:

> Me lleva a un dormitorio chiquito, pero confortable y alegre. Una camita blanca, un armario y una mesa. En la pared del fondo una Purísima de Murillo pintada al óleo, de tamaño natural… Es la misma que estaba en mi colegio y yo miraba seis horas todos los días. […] Me lavo en el baño, que está frío y ocupado por toallas, salidas de baño, barreños y cubos, y me acuesto. […] Me duermo mirando el cuadro de Murillo… ¡Qué maravilla de ojos los de la Virgen María…! Un bienestar delicioso me va envolviendo y me duermo… me duermo… (Fortún, 2016, p. 319)

Cuando se despierta a media tarde, la adolescente vuelve a fijar la vista en la imagen y observa cómo "el sol le da en la cara y una aureola de rayos envuelve la divina cabeza" (Fortún, 2016, p. 319). Es entonces cuando se dirige a la Virgen y, en una suerte de oración con ecos salvíficos, le pide su protección maternal: "¡Madre mía, ayúdame, sálvame, guíame…!" (Fortún, 2016, p. 319).

Por otro lado, cabe poner de relieve que Celia –sin dejar de captar con su extraordinaria sensibilidad todos los matices e impresiones del bando republicano derrotado– continúa sin entregarse a la desesperación. Una vez más, su vitalismo y el gran apego por los pequeños placeres de la vida actúan como tablas de salvación[8]:

> En medio de esta población que bulle inquieta en la angustia de una dolorosa espera, vivo apacibles días. Duermo muchas horas, veo atardecer en el sol que baña la frente de la Purísima de Murillo, y oigo al despertar el bullir de los chicos que van a la escuela, indiferentes a todo lo que no sea su feliz ignorancia de niños. (Fortún, 2016, p. 329)

5. CONSIDERACIONES FINALES

El hilo conductor de *Celia en la revolución* es el relato sincero y pasional de una narradora que juega a menudo con el efecto paradójico de describir los devastadores efectos de la guerra en la vida de las ciudades que visita, sin dejar de dar cabida a pasajes en los que aflora un yo íntimo impregnado de vitalismo y espiritualidad.

Ante el inevitable final de su infancia, Celia pone el foco en el trabajo cotidiano y los relatos de las mujeres que se esfuerzan por mantener la vida. Ve en sus compañeras sólidos referentes, de más valor que los héroes ensalzados en los relatos bélicos de cada uno de los bandos de la contienda. Como laboriosas hormigas, las mujeres desprecian los valores patriarcales que generan violencia;

---

[8] Como la propia Elena Fortún, la narradora siente empatía hacia las generaciones que han visto su infancia fracturada por la guerra.

solo ellas, a ojos de la narradora, aportan la sensatez necesaria para que el mundo no se hunda en un abismo.

Celia realiza un análisis social de la vida en las ciudades asediadas por la guerra. No obstante, su relato no atiende solo al sentir comunitario, sino que en muchas ocasiones se fija en sus propias necesidades emocionales y espirituales, como protagonista. Cuando la situación se torna amenazante, el mundo interior de Celia emerge y toma protagonismo en pasajes que brillan por su lirismo. De este modo, el vitalismo, la búsqueda de la belleza y la tendencia a la ensoñación actúan como consuelo del yo frente a la injusticia. Así, por diversas vías, la narradora pone en valor a lo largo de las páginas de su diario una visión del mundo alternativa, alejada de los relatos oficiales de la Guerra Civil. Con notable sensibilidad estética, presta una atención plena al triunfo de la vida, la naturaleza y la belleza frente al caos y la violencia sembradas por los hombres.

REFERENCIAS BIBLIOGRÁFICAS

Aguilera Sastre, J. (2011). Las fundadoras del Lyceum Club Femenino Español. *Brocar*, *35*, 65-90.

Bravo-Villasante, C. (1986). *Elena Fortún (1886-1952)*. Publicaciones de la Asociación española de amigos del IBBY.

Campos Cacho, S. (2019). La inocencia bajo las bombas (reseña a *Celia en la revolución*, Renacimiento, 2016). *Revista de libros*. https://www.revistadelibros.com/resenas/celia-en-la-revolucion-elena-fortun

Capdevila-Argüelles, N. (2005). Elena Fortún (1885-1952) y Celia. El *Bildungsroman* truncado de una escritora moderna. *Lectora. Revista de dones i textualitat*, *11*, 263-280.

Capdevila-Argüelles, N. y Fraga, M. J. (2015). *Elena Fortún y Matilde Ras. El camino es nuestro*. Fundación Banco de Santander.

Dorao, M. (1999). *Los mil sueños de Elena Fortún*. Alboroque.

Dorao, M. (2016). Introducción. En E. Fortún, *Celia en la revolución* (pp. 21-27). Renacimiento.

Fortún, E. (1987). *Celia en la revolución.* Aguilar.

Fortún, E. (2016). *Celia en la revolución.* Renacimiento.

Fraga, M. J. (2012). *Don Quijote* y Celia: el deseo de vivir otras vidas. *Anales cervantinos, 44*, 229-246.

Fraga, M. J. (2013). *Elena Fortún, periodista.* Pliegos.

Fraga, M. J. et al. (2019). *Cartografía interactiva del Madrid de Celia en la revolución de Elena Fortún*, Portal del Lector, Biblioteca Regional de Madrid. http://www.madrid.org/celia-revolucion/.

Franco, M. (2006). Elena Fortún y *Celia en América.* En M. Aznar Soler (Ed.), *Escritores, editoriales y revistas del exilio republicano de 1939* (pp. 753-764). Renacimiento.

González Naranjo, R. (2015). Ilustres tontas y locas: el Lyceum Club de Madrid, todo un ejemplo de solidaridad femenina. En M. Martín Clavijo, M. González de Sande, D. Cerrato & E. Moreno Lago (Eds.), *Locas. Escritoras y personajes femeninos cuestionando las normas* (pp. 721-734). Arcibel Editores.

Martín Gaite, C. (2002). *Pido la palabra.* Anagrama.

Mangini, S. (2001). *Las modernas de Madrid. Las grandes intelectuales españolas de la vanguardia.* Península.

Mascarell, P. (2021). La urbe moderna en la narrativa de Elena Fortún: espacio y significado. *Anales de Literatura Española, 35*, 141-157.

Trapiello, A. (2016). La novela de unos y otros (a propósito de *Celia en la revolución*). En E. Fortún, *Celia en la revolución* (pp. 7-20). Renacimiento.

Vara López, A. (2019). La vida en el centro: los discursos antibélicos de las mujeres en la obra de Elena Fortún. En E. M. Moreno Lago (Ed.), *Pioneras, escritoras y creadoras del siglo XX* (pp. 155-168). Universidad de Salamanca.

"Ello es bonito como un cuento": espiritualidad, religión y tendencias místicas en la vida y la obra literaria de Elena Fortún

Purificació Mascarell
Universitat de València
purificacio.mascarell@uv.es

RESUMEN

Elena Fortún (Madrid, 1886-1952) es célebre por su personaje de ficción para niños: la imaginativa y traviesa Celia. Sin embargo, es menos conocida su dimensión espiritual, los vínculos y desafectos que mantuvo con la religión católica a lo largo de su vida y su tendencia al misticismo desde pequeña. A través de los textos escritos por Fortún y de sus intercambios epistolares, se propone aquí un recorrido por la experiencia de la fe en esta mujer de la Edad de Plata, indagando en la compleja biografía de Elena, desde la más tierna infancia hasta los últimos momentos de su existencia, sin olvidar la importante presencia de la religión y de lo espiritual en las aventuras protagonizadas por Celia, trasunto literario de la autora.

PALABRAS CLAVE: *Elena Fortún, espiritualidad, fe, escritura, catolicismo*

ABSTRACT

Elena Fortún (Madrid, 1886-1952) is famous for her fictional character for children: the imaginative and mischievous Celia. However, her spiritual dimension, the links and disaffections she had with the Catholic religion throughout her life and her tendency to mysticism since she was a child are less well known. Through the texts written by Fortún and their epistolary exchanges, a journey through the experience of faith in this woman of the Silver Age is proposed here, delving into the complex biography of Elena, from her earliest childhood to the last years. moments of its existence, without forgetting the important presence of religion and the spiritual in the adventures carried out by Celia, a literary transcript of the author.

KEYWORDS: *Elena Fortún, spirituality, faith, scripture, Catholicism*

Si las tensiones de la modernidad en España tuvieran que sintetizarse en la vida y obra de una mujer, el nombre de Elena Fortún se perfilaría como el más idóneo. Esta "hija del XIX que abrazó la modernidad del XX en la edad adulta, y de forma tan insegura como desesperada", en palabras de la investigadora Nuria Capdevila-Argüelles (2020, p. 18), se erige como un crisol de valores en pugna. En su trayectoria y en su escritura se amalgaman elementos de herencia tradicional con otros característicos de la transgresión moderna: el peso del catolicismo en la formación sentimental femenina, la emancipación profesional y económica de las mujeres, la experimentación más allá de la sexualidad heteronormativa y sus consecuencias emocionales, la defensa de géneros literarios considerados menores por el canon, las intertextualidades y guiños a los textos bíblicos y las leyendas religiosas… Paradójicamente, y pese al valor simbólico y real de esta autora, Encarnación Aragoneses Urquijo (Madrid, 1886-1952) ha permanecido como una figura oculta durante demasiadas décadas, desconocida incluso para sus lectores más devotos. Parapetada tras el seudónimo de Elena Fortún y, en segunda instancia, tras su celebérrimo personaje de ficción infantil, Celia Gálvez, la autora quedó reducida a un puñado de letras en cada portada. Así lo advierte Carmen Martín Gaite:

> Muchos de los niños españoles nacidos antes de la guerra civil, que crecimos acompañados por Celia y su hermano Cuchifritín, al ver años más tarde que también nuestros hijos disfrutaban con el relato de sus andanzas, nos quedábamos en blanco si se les ocurría preguntarnos quién fue o dónde estaba ahora esa Elena Fortún que escribió unos cuentos tan preciosos. [...] A la niña que yo fui no le importaba nada de Elena Fortún. (2002, p. 39)

En efecto, tanto el nombre como el apellido que figuraban en todas las tapas de nuestra colección resultaban un enigma que nadie se detenía a resolver. Quién era capaz de imaginar, en aquellas tardes infantiles viajando con Celia a la Costa Azul o compartiendo sus travesuras en el colegio de monjas, a Encarnación. Una mujer compleja y contradictoria cuya evolución simboliza la de la mujer española de la primera parte del siglo XX.

Entre sus múltiples e interesantes facetas adquiere importancia, a la luz de los últimos rescates de su correspondencia íntima, su amplia dimensión espiritual, los vínculos y desafectos que mantuvo con la religión católica a lo largo de su vida. Y, sin embargo, sigue siendo una de las derivas menos conocidas de la autora. Por eso, este trabajo pretende realizar un recorrido por la fe y la espiritualidad de Elena Fortún, quien ha sido descrita por el escritor y crítico Andrés Ibáñez en los términos que se recogen a continuación y que sirven como síntesis de la personalidad literaria que vamos a estudiar:

Era una mujer escindida entre la lealtad que siente que le debe a su esposo, militar republicano exiliado, y la atracción sáfica. Una mujer dotada de una pluma mágica, ligera, sensorial, llena de ironía, calidez, ternura e inteligencia, que acabaría por regresar al catolicismo, declarando que en la Iglesia era donde terminaban todas sus búsquedas espirituales. Teósofa, católica, republicana, feminista, lesbiana, autora de libros de niños, luchadora contra la prostitución y la crueldad contra los animales. El símbolo, en fin, de una manera de ser mujer en España y de una manera de ser español, que desafía las simplificaciones en las que todavía hoy nos empeñamos en encerrarnos. (2015, párr. 7)

1. INFANCIA: CATOLICISMO TRADICIONAL Y TENEBROSO

Para conocer con detalle los aspectos de la vida de Elena Fortún todavía debemos acudir a la biografía publicada por Marisol Dorao hace más de veinte años, la única existente hasta la fecha. Allí se describe la infancia de Encarna como una etapa de soledad y de tristeza, marcada por el catolicismo de raigambre conservadora que imperaba en su familia. Un episodio en particular refleja a la perfección el tipo de vivencia religiosa que impregnó los primeros años de la autora:

> En el verano de 1892, antes de haber cumplido los seis años, Encarna tuvo el primer contacto con la muerte, cuando estaba en Abades pasando unos días en casa de los abuelos. Ella estaba acostumbrada a oír rezar, porque su madre estaba continuamente haciendo novenas y rezando rosarios, pero no en aquel tono solemne, dramático, que oyó una noche. Se escurrió de la cama y fue, descalza, hasta la puerta de la sala, donde estaba la alcoba de su abuelo. El cuadro que se presentó ante sus ojos le encogió el corazón. A la luz de las velas vio a su madre a la cabecera de la cama del abuelo, rodeada de varias mujeres, parientes unas y vecinas otras, como una Gran Sacerdotisa, entonando las tremendas palabras de la Recomendación del Alma: *Sal, alma cristiana, de este mundo, en nombre de Dios Todopoderoso que te creó…* (Dorao, 2001, p. 25)

Esta estampa sobrecogedora quedará grabada en la retina de Elena hasta el punto de utilizarla en su novela autobiográfica *Oculto sendero*. Así retrata el personaje de María Luisa Arroyo su primer y terrorífico contacto con la muerte, siendo niña:

Durante toda la noche oí entrar y salir gente en el portal, y una vez que me desperté asustada oí la voz de mi madre que decía algo muy lento, muy largo y muy solemne... Esto me impresionó y, descalza, pasé de mi cuarto a la salita... Nadie me vio. Había muchísima gente pero todos miraban a la puerta de la alcoba donde mi madre continuaba conminando a los diablos para que se apartaran de la cabecera del moribundo, y llamaba a los ángeles, explicándoles lo que debían hacer para llevarse su alma a Dios... Lo hacía tan enérgicamente como si hubiera sido nombrada maestra de ceremonias del cielo y del infierno... Luego supe que la recomendación del alma es una larga oración que contienen los devocionarios y que mi madre la leía ante el asombro y la expectación de las gentes humildes del pueblo. (Fortún, 2016, pp. 141-2)

2. ADOLESCENCIA: MISTICISMO ESCAPISTA

Si María Luisa es el alter ego de ficción de Encarna, el texto de *Oculto sendero* —escrito durante los duros años del exilio en Argentina y solo publicado hace un lustro en nuestro país— ofrece claves fundamentales para comprender la adolescencia de la escritora y el despertar de su orientación sexual lésbica.

El rechazo a la sexualidad heteronormativa se manifiesta desde bien temprano en María Luisa. A los catorce años descubre, de una manera cruda y descarnada, que existe la prostitución y que, pese al horror de un sistema donde los hombres pagan a cambio de usar los cuerpos de las mujeres a su antojo, todo el mundo es capaz de seguir viviendo sin indignarse. Entonces la joven decide optar por un camino radical, con el objetivo de evitar el contacto con la tosquedad utilitaria del sexo masculino: hacerse monja. Ante la incomprensión familiar, ella misma traza su vía ascética:

> Decidí comenzar desde el día siguiente mi vida monástica. Me levantaría con el alba, rezaría media hora al pie del altar y andaría de rodillas en penitencia por el pasillo hasta que las rodillas

> me dolieran… hasta que vertieran sangre, y todo mi cuerpo se estremecía del placer doloroso que esto debía producirme… (Fortún, 2016, p. 216)

Encarna, al igual que el personaje de María Luisa, poseía un carácter con clara tendencia al misticismo. Pero también debe valorarse cómo ese misticismo funcionaba de manera escapista frente a los asfixiantes moldes patriarcales. ¿Cuántas mujeres a lo largo de la Historia han utilizado el salvoconducto de la vida religiosa en conventos para huir de vidas matrimoniales de sumisión? No en balde, leemos un poco más adelante en *Oculto sendero*:

> ¡Dios, Dios! —me lamentaba yo dentro de mí—. ¡Si yo no quiero ser una madre de familia! ¡Si no me quiero casar, ni estudiar piano, no coser, ni hacer cuentas…! Solo quiero leer, leer todos los libros que hay en el mundo… Pero no se lo puedo decir a nadie porque todos de enfadan, y me riñen… (Fortún, 2016, p. 221)

3. Juventud: teosofía, naturismo, espiritismo

Tras una infancia y una adolescencia marcadas por un catolicismo de corte tradicional y conservador, Encarna Aragoneses inicia una fase de descreimiento y de unión a las corrientes teosóficas y espiritistas que impregnaron la vida cultural de las primeras décadas del siglo XX. Junto con su esposo, el militar republicano Eusebio de Gorbea, entrará a formar parte de la Sociedad Teosófica de Madrid, muy relacionada con la masonería. Recordemos que el pensamiento esotérico de Madame Blavatsky influyó en muchos intelectuales y creadores de la época, como Valle-Inclán, H.P. Lovecraft, Mario Roso de Luna, Jorge Luis Borges, James Joyce o Aleister Crowley. La creadora de Celia abandonará la religión católica en aras de esa fusión de filosofías orientales y espiritismo que es la doctrina teosófica. Pero será sobre todo a partir de la muerte de su hijo Bolín, con apenas diez años, cuando se acentuará esta deriva espiritual en Elena Fortún.

Cuenta Marisol Dorao que Encarna había empezado a tener una fe ciega en la medicina naturista al entrar en contacto con las ideas teosóficas. Sus dos hijos tenían una salud débil, con frecuentes resfriados e inapetencias durante el invierno, por eso solía llevarlos a pasar el verano junto al mar. El más pequeño parecía estancarse en sus dolencias, así que decidió llevarlo a la consulta de un médico naturista para ponerle a régimen vegetariano. El doctor Ibarra, uno de los tres médicos naturistas que había entonces en España, avisó a la madre de que el régimen causaría una fuerte crisis en el delicado organismo del niño. Sin embargo, esto no debía inquietarla lo más mínimo a los progenitores: resultaba un trance imprescindible para quemar toxinas y purificar el cuerpo enfermo del crío. Tras meses con fiebre alta, tos, dolor y debilidad —al final ni siquiera podía hablar—, Bolín fallece en la primavera de 1920. Explica Dorao:

> Ni Eusebio ni Encarna se resignaron a considerar la muerte de su hijo como una separación irremediable, y durante bastante tiempo estuvieron haciendo prácticas de espiritismo para intentar comunicarse con él, sin conseguir ningún resultado. Encarna continuó durante varios años intentando comunicarse con el espíritu de su hijo a través de una tabla de la ouija, sin conseguirlo. Y durante mucho tiempo no quiso moverse de la casa de la calle Ponzano solo porque pensaba que, como Bolín había vivido allí, su espíritu podría volver algún día. (2001, p. 58)

La biógrafa insiste en que toda la vida de Encarna ha estado salpicada de contactos con el más allá: premoniciones, avisos en forma de misteriosos sueños o visiones inexplicables por medio de la razón. Cinco meses después de la muerte de Bolín, Encarna escribe en su diario sobre la misteriosa aparición de su hijo durante una noche, aproximándose a la cama donde ella dormía y tratando de comunicarse sin emplear la voz:

> Sentí un leve ruido y abrí los ojos:
> ¡Era mi hijo, muerto cinco meses antes, que venía hacia mí! Llevaba su delantal de dril del colegio. Llegó hasta mi cama y puso sus manitas sobre las mías... No oí su voz, pero me hablaba. Me decía que todo iba a pasar, que me tranquilizara, y que él se iba otra vez.
> —¡Entonces creeré que es mentira que has estado aquí! ¡No te oigo siquiera!
> Me dijo, sin voz, que ahora oiría el ruido que podía hacer...
> Desapareció, y un golpe terrible en el cerrojo de puerta de la calle contestó a mis pensamientos. (Dorao, 2001, p. 62)

Las prácticas espiritistas y la creencia en los vínculos entre el mundo terrenal y un supuesto mundo espiritual sirvieron durante aquellos años, seguramente, como antídotos contra el dolor anímico o intentos de encontrar respuestas consoladoras ante la pérdida del ser amado.

4. MADUREZ: CRISTIANISMO, PERO AMABLE Y MISERICORDIOSO

Ya en su etapa de madurez vital, Encarna regresa al seno de la fe católica, pero desde los principios de indulgencia y equilibrio que le impone con buen criterio Inés Field, su amiga argentina del exilio. Este concepto liberador de la religión cristiana ayudó a la escritora a sobrellevar sus últimos años de vida, plagados de soledad y de dolores físicos a causa de la enfermedad por la que acabará falleciendo. Tal como expone Nuria Capdevila-Argüelles, editora de la correspondencia entre Inés y Encarna:

> Elena Fortún avanza estos años por un viaje de dolor físico y aprendizaje espiritual que, impulsado por el trauma del suicidio de su marido, le hará querer asir lo inmaterial de la mano de la mujer con la que sintió que tenía un matrimonio de espíritu. El último de los deseos que podó Elena fue pasar los últimos años de su vida con Inés. (2021, p. 8)

Leer las cartas de Elena a su estimada amiga es penetrar en el mundo interior de una mujer castigada por los sinsabores de la guerra civil y del exilio, una persona de grandísima sensibilidad que no duda en mortificarse una y otra vez, inculpándose por el fracaso de su matrimonio y mostrando un amargo arrepentimiento por ciertas conductas de su juventud —¿alude a sus relaciones amorosas con mujeres mientras permanecía casada con Eusebio?—. En este sentido, la escritura de Encarna es de una crudeza que impacta al lector: "Pero no hay que pensar en tener ni siquiera un poco de paz cuando no se ha merecido nada más que dolor y remordimiento. [...] Soy un pedazo de barro asqueroso que no tiene otra materia más que lodo." (2021, p. 69). Junto a estas diatribas contra sí misma, también es frecuente encontrar muestras de hondo agradecimiento a la mujer que supo sacarla de su pozo de dolor y acercarla a la luz del bienestar espiritual: "Inesita mía, ¿por qué nos ha hecho Dios nacer tan lejos una de otra? Dios te bendiga, que me has salvado tú llevándome hasta Dios" (2021, p. 87).

En su cuaderno personal, Inés Field retrató así a aquella Elena ansiosa de sosiego y descanso espiritual, tras años de zozobra e inestabilidad emocional:

> Veía en Encarna una buena base de formación religiosa, conocimiento amplio del cristianismo, aptitud mística, fe en Dios. Pero vivía con el alma desasosegada, cosa casi natural a causa de sus continuos problemas existenciales, su difícil relación conyugal, el desapego agresivo del hijo. Pensé que la Iglesia podía tal vez ayudarle. [...] Se acercó a los sacramentos y a las prácticas litúrgicas. Le hizo mucho bien. (Capdevila, 2021, p. 15)

5. ESPIRITUALIDAD Y RELIGIÓN EN LAS AVENTURAS DE CELIA

La presencia del misticismo, la religión católica, las vidas de santos, las historias bíblicas y la aspiración divina o metafísica es una constante a lo largo de la vida de ficción de Celia. Si la crítica ha señalado de manera unánime la relación entre la autora y su personaje y los trasvases que se dan entre una y la otra, en este trabajo no podía dejar de observarse la dimensión espiritual en las aventuras de Celia.

En el primer volumen de la saga, *Celia, lo que dice*, publicado por Aguilar en 1933, la fe y la religiosidad aparecen bañadas por la fantasía infantil, la atmósfera de los cuentos tradicionales y un delicioso humorismo. Basta recordar el mítico inicio de la saga, con la visita —¿soñada?— de los Reyes Magos al balcón del cuarto de la niña, o el episodio del frasco de cuentagotas, solicitado mediante rezos a la Virgen María. Celia se convence de que le ha sido concedido por obra y gracia divina, cuando en realidad se trata del frasquito que su institutriz había dejado olvidado encima de la mesa: "¡Mamaíta, que no, que no se lo he quitado, que es la Virgen la que me lo dio!", "¡Jesús, hija mía! ¿Serás capaz hasta de meter a la Virgen en tus trapisondas? Trae el frasco y pide a Dios que te haga buena, que bien lo necesitas…" (1948, p. 78).

También el milagro de las cinco gatas, tras aclamarse a San Antón, es de los episodios más divertidos vinculados a la fe infantil de la protagonista:

> —Diga usted, Miss: ¿quién era san Antón?
> —Un santo.
> —¿Y hacía milagros?
> —Como todos los santos.
> —Pues si era un santo y hacía milagros, habrá hecho de Pirracas cinco gatas.
> —No puede ser.
> —Sí puede ser. Jesucristo hizo de cinco peces muchos peces.
> —Para comer.
> —Eso es: para comer. Y San Antón ha hecho de Pirracas otras cinco para que jueguen conmigo. (Fortún, 1948, p. 16)

La mirada desacralizadora hacia el catolicismo que supuso el volumen *Celia en el colegio*, intervenido por la censura franquista años después de su primera aparición en 1934, se nutre de aquella etapa vital de Fortún en la cual se separó del cristianismo para adentrarse en otras corrientes espirituales. Su descripción del funcionamiento habitualmente absurdo e intransigente del colegio de las monjas contiene un posicionamiento crítico innegable. Pero este volumen también nos presenta a una Celia capaz de vivir la fe de una manera exacerbada, de acuerdo con su carácter fantasioso, audaz y, en cierta manera, hiperbólico. Inolvidables son los capítulos titulados "¡Al martirio!" y "Quiero ser santa", cuando Celia decide escaparse del colegio para ir a las misiones o cuando permite que una compañera abusona la maltrate porque cree que así, resignándose a soportar esas humillaciones, se acerca mejor al ideal cristiano que las madres no dejan de alabar.

Asimismo, las creencias religiosas de Celia, pasadas por el tamiz de su inexperiencia vital, suscitan escenas y peripecias cargadas de jocosidad, como la del cura don Restituto, el clérigo que atiende los oficios en el colegio de las monjas y ha de cargarse de paciencia e ironía cada vez que trata con esa cría tan especial:

> El padre es muy bueno, aunque nos ha estado engañando a todas. ¡No podéis figuraros lo que ha pasado! Todos los días, después que se acaba la meditación, me quedo un ratito más en la capilla cuando ya se han ido las niñas. Las madres me dejan, porque me dicen que me ha tocado la Gracia. [...]
> —Yo lo he visto, madre, yo lo he visto...
> —¿Qué ha visto usted?
> —He visto que no es un señor cura.
> —¿No? ¿Pues qué es?
> —Es un hombre... Lleva pantalones como mi papá... Lo he visto yo... Se levantó la sotana para buscar las llaves... (1992, p. 88)

La crítica a la hipocresía religiosa de la sociedad moderna aparece retratada en el volumen *Celia en el mundo* (1935). A través de la mirada limpia de Celia, nos llega la conducta mundana de los fieles que van a la misa dominical como quien va a una fiesta, más pendientes de sí mismos y de los demás asistentes que de las palabras del sacerdote y la celebración de la eucaristía:

> —Celia, eres muy revoltosa. No has parado un momento ni has dejado en paz a nadie. ¿No sabes que se viene a oír misa y no a enredar?
> —Pues nadie la oía…
> —¿Qué dices?
> —Eso. El señor del sombrero estaba jugando con el bastón; la señorita de luto estrenaba hoy el vestido, porque ¡se miraba más!… Y las de la amiga tampoco oían misa… (2006, p. 24)

Una Celia adolescente sufrirá los horrores de la guerra y los retratará en el libro *Celia en la revolución*, escrito en 1943. La descripción de la ciudad, destrozada por las bombas y a merced de una violencia con múltiples rostros, ofrece detalles de gran valor. La mirada de Celia, una chica de origen burgués y educación cristiana, queda dañada al descubrir los efectos de la iconoclasia religiosa que reina en la ciudad:

> Al bajar de Serrano veo abierta la Iglesia del Cristo de la Salud. Por la calle hay escombros y las aceras están llenas de pedacitos de molduras doradas… Bajo mis pies, una cosa redonda se aplasta… ¡es una cabecita de ángel de algún retablo! Un confesionario a la puerta sirve de garita a un miliciano. (2016, p. 86)

Ya en el exilio argentino, como la misma Elena Fortún, el personaje de Celia se maravillará ante la enormidad y la belleza exuberante de la tierra de acogida. El contacto con la naturaleza derivará en una especie de panteísmo en el volumen *Celia ins-*

titutriz en América (1944), una deriva espiritual que ayudará a la joven protagonista a superar su sensación de abandono y los desengaños amorosos:

> Mucho ha contribuido a la serenidad de mi corazón este parque inmenso en esta inmensa pampa, y este paisaje milagroso, casi todo cielo.
> Hoy me levanto a la primera luz del alba. Las niñas duermen aún. Miro el parque desde la ventana, ¡tan fresco, tan nuevo, tan perfumado!, y siento el deseo inaplazable de bajar a sumergirme en él… […] ¡Soy casi feliz! ¿Qué me importan Poroto y Paulette en esta mañana fresca y pura que penetra en mí como un sacramento? (2015, pp. 106-7)

6. FINAL CATÓLICO PARA UNA VIDA EN BUSCA DE SENTIDO Y AMPARO

Detrás del seudónimo "Elena Fortún" impreso en aquellas tapas ilustradas de nuestra infancia, nadie podía imaginar que se escondía una mujer dotada de una inmensa sensibilidad para lo paranormal y lo oculto, que se atrevió a abandonar la religión convencional para indagar en los senderos de la teosofía, los rosacruces y el espiritismo o que publicó un tratado sobre el arte de la quiromancia, *El mapa del destino en la palma de la mano* (1936), dentro de la colección Biblioteca de Ciencias Psíquicas de Aguilar (Blanes, 2008).

El interés de Encarna por la dimensión espiritual del ser humano la llevó a leer con avidez todas aquellas publicaciones que caían en sus manos y se ocupaban de cuestiones relacionadas con la metafísica, la trascendencia o el sentido de la vida y la muerte. Explica la investigadora María Jesús Fraga que Elena legó a Carmen Laforet un listado de seis páginas titulado "Inventario de mis libros en Barcelona", ciudad en la que se instaló a la vuelta del exilio. En este documento consta el recuento de los libros que acompañaron a la autora en sus últimos años y queda demostrado hasta qué punto permaneció fiel a sus dos intereses principales: el mundo de los niños y la espiritualidad:

Del total de los ochenta y nueve libros que registra, la mitad (cuarenta y cuatro) son de literatura infantil y juvenil, entre los que se encuentran los dieciséis escritos por ella. Del resto, la mitad (veintidós) se encuadran en los apartados de Religión y Filosofía. Tan solo incluye cinco novelas y otros cinco poemarios; el resto de los libros se encuadran en los apartados Filología, Geografía e Historia y Biografías. (Fraga, 2021, p. 9)

Tras su inquieto periplo por las religiones alternativas y las ciencias ocultas, en la última etapa de su vida, Fortún regresa a las creencias de la infancia en busca de paz espiritual, reconciliación con el pasado y sosiego psíquico. Este retorno a la horma del catolicismo se plasma en el volumen *El cuaderno de Celia* (1947), compuesto por las anotaciones que hace la protagonista en una libreta de hojas pautadas durante el período preparatorio para la Primera Comunión. En el epílogo al libro, casi se escucha la voz de Encarna a través de Celia cuando afirma:

> Porque está de manifiesto mi necesidad del papel rayado para dar dirección a mis renglones indecisos y de aquella mano pequeña […] pero enérgica, animosa y fiel de sor Inés. Si se hubiera apoyado en mi hombro en los momentos difíciles […], es posible que yo no hubiera sido tan tontuela ni me hubiera pegado tantos coscorrones con la vida. (2017, p. 227)

Y Sor Inés, como guía para evitar los pasos en falso y como apoyo en los momentos de duda, parece el trasunto de la estimada Inés Field.

Otra gran amiga y sostén espiritual en estos últimos años de Elena fue la escritora Carmen Laforet, un poco antes mencionada. En 2017 se editaron las cartas que se intercambiaron ambas autoras, unidas por una misma sensibilidad pese a la distancia generacional: Carmen tenía veintiséis años al inicio de la correspondencia y se encontraba en un momento de gran exigencia vital y profesional, mientras que Elena había cumplido los sesenta y veía acercarse ya el final de su existencia.

Creo que la clave del regreso de Encarna al seno del catolicismo se ofrece, precisamente, en una misiva a Laforet escrita el 19 de septiembre de 1951 desde el sanatorio catalán Puig d'Olena. Las dos autoras solían tratar aspectos de índole religiosa en la mayoría de sus cartas y la reflexión en torno al refugio de la fe ocupaba muchas de sus líneas, como se observa en las que prosiguen:

> Me alegra mucho que hayas encontrado una persona que te haya hecho pensar en Dios y en la salvación. En realidad, tu fe sencilla y sin razonamiento es la verdadera. La razón no tiene casi nada que hacer en lo eterno. [...] Sí, querida mía, aunque te parezca extraño es preciso pertenecer a una religión y sujetarse a sus dogmas. De otra manera no hay nada estable en la conciencia. Enseña a rezar a tus hijitas. Diles que hay un Dios que es su padre y se ocupa de ellas, y que un ángel se queda a la cabecera de su cama mientras duermen, y las cubre con sus alas. Ello es bonito como un cuento, y es además el símbolo de una gran verdad. (2017, pp. 79-80)

La religión como precepto dogmático se asimila a una maroma que fija, da estabilidad mental, ofrece el equilibrio interior necesario para sobrellevar las dificultades de la vida. Desde la atalaya cercana a la muerte que empieza a ocupar Elena, la autora se permite tender la mirada al pasado y enjuiciar sus decisiones de juventud. Y, solo entonces, se atreve a aconsejar a su joven su amiga. "Aunque te parezca extraño", le dice —porque a ella misma a la edad de Carmen se lo parecía— merece la pena ligarse a una religión y mantenerse fiel a sus dictados. De este modo, en la vejez, Encarna abjura de la experimentación espiritual que la había caracterizado años atrás.

Y, para cerrar el círculo, equipara la religión con un cuento. Se trata, quizá, de la comparación más sublime que puede realizar una persona que consagró su vida entera a la cuentística y que creyó firmemente en el componente pedagógico y salvífico de este arte, que nunca dejó de escribir cuentos y de recopilar cuentos tradicionales, que ejerció de cuentacuentos e impartió clases para formar a otras mujeres en este precioso oficio. La religión es bella como un cuento hermoso, dice Elena, y por eso mismo la religión ofrece un asidero, un remanso de beatitud, un oasis de bienestar más allá de la amarga prosa diaria. El consejo de Elena a Carmen para que haga crecer a sus hijas en la fe cristiana simboliza el regreso de Encarna al catolicismo de su infancia filtrado por el impulso renovador que representó Inés Field y su cristianismo amable y compasivo. La tabla de salvación que Fortún asió con fuerza para ir despidiéndose de una vida tan intensa y contradictoria.

REFERENCIAS BIBLIOGRÁFICAS

Blanes Noguera, P. (2008). Elena Fortún y la quiromancia. *HIBRIS*, *48*, 22-28.

Capdevila-Argüelles, N. (2020). Introducción. *Sabes quién soy. Cartas a Inés* Field, I. Renacimiento.

Dorao, M. (2001). *Los mil sueños de Elena Fortún*. Alboroque.

Fortún, E. (1948). *Celia lo que dice*. Aguilar.

Fortún, E. (1992). *Celia en el colegio*. Alianza.

Fortún, E. (2006). *Celia en el mundo*. Alianza.

Fortún, E. (2015). *Celia institutriz en América*. Renacimiento.

Fortún, E. (2016). *Celia en la revolución*. Renacimiento.

Fortún, E. (2016). *Oculto sendero*. Renacimiento.

Fortún, E. (2017). *El cuaderno de Celia*. Renacimiento.

Fraga, M. J. (2021). Elena Fortún en clave de lectura. *Clarín: Revista de nueva literatura*, *156*, 8-14.

Ibáñez, A. (2015). *El amor imposible de Elena Fortún y Matilde Ras*. ABC. https://www.abc.es/cultura/cultural/20150220/abci-elena-fortun-matilde-camino-201502191816.html

Laforet C. y Fortún E. (2017). *De corazón y alma (1947-1952)*. Santander Fundación.

Martín Gaite, C. (2002). *Pido la palabra*. Anagrama.

La espiritualidad en *Hasta llegar a Dios*, de Lola Mejías

GUADALUPE NIETO CABALLERO

Universidad de Extremadura, España
gnieto@unex.es

RESUMEN

Buena parte de la crítica (Valverde, 1944; Rodríguez, 1977; Moeller, 1981; Alonso, 1988) apunta a la relevancia de Dios como tema en la poesía existencial. En la literatura española del siglo XX, y especialmente entre los años cuarenta y cincuenta, que coinciden con la primera mitad de la dictadura franquista, la cuestión religiosa afronta un resurgimiento propiciado por las políticas sociales, educativas y religiosas del régimen. Si bien la religiosidad había recibido poco antes la atención de poetas del Veintisiete, se produce ahora un regreso a Dios como figura y como motivo temático, al que se interpela o con el que se dialoga. En este capítulo proponemos un acercamiento a la poesía religiosa de corte existencial de Lola Mejías, autora extremeña con una producción reducida pero significativa en el marco de este tipo de literatura. Planteamos un análisis de algunos de sus textos, especialmente del volumen de poemas *Hasta llegar a Dios* (1964), que enlaza con esa vuelta a lo divino desde una perspectiva existencial. La voz poética anhela encontrar el camino y unirse a Dios, pero a la vez se revela angustiada y temerosa. La poeta no deja de pertenecer a un mundo devastado en el que para sobrevivir necesita un sostén superior que le permita mantener su integridad espiritual. A partir de los textos se persigue un doble objetivo: por un lado, mostrar cómo Lola Mejías participa de esa espiritualidad de corte existencial de mediados de siglo y, por otro, ponerla en relación con autores contemporáneos que cultivan esta tendencia.

PALABRAS CLAVE: *Lola Mejías, poesía española, posguerra, poesía existencial, poesía religiosa*

ABSTRACT

A significant amount of scholarly attention (Valverde, 1944; Rodríguez, 1977; Moeller, 1981; Alonso, 1988) has pointed to the relevance of God as a theme in existential poetry. In the Spanish literature of the 20th century, and especially in the first half of Franco's dictatorship between the 1940s and 1950s, the religious question faced a resurgence caused by the social, educational, and religious policies of the regime. Although religiosity had already received attention from Generation of '27 poets shortly before, there would a return to God as a figure and as a thematic motif in the forties. In this chapter we propose an approach to the existential religious poetry of Lola Mejías, an author from Extremadura with a small but significant production within the framework of this literature. We analyse some of her texts, especially the volume of poems *Hasta llegar a Dios* (1964), which links with that return to the divine from an existential perspective. The poetic voice yearns to find the way and join God, but at the same time it reveals itself anguished and fearful. The poet does not cease to belong to a devastated world in which she needs superior support that allows her to maintain her spiritual integrity in order to survive. Based on the analysis of texts selected, a double objective is pursued: on the one hand, to show how Lola Mejías participates in that existential spirituality of the mid-century, and, on the other, to relate her to contemporary authors who cultivate this trend. thus situating her alongside other contemporary authors who cultivated this trend.

KEYWORDS: *Lola Mejías, Spanish poetry, post-war; existential poetry, religious poetry*

1. INTRODUCCIÓN

Hablar de Lola Mejías (1912-1999) es hablar de una poeta contemporánea, poco conocida hoy, cuya obra quedó prácticamente restringida a la intimidad. Un estudio de su trayectoria nos conduce, de manera inevitable, a su único poemario publicado: *Hasta llegar a Dios* (1964). En este volumen, redactado unos años antes de su salida, se nos revela una voz nueva, pero bien acomodada a un contexto coetáneo fácil de reconocer. Como se plantea en este capítulo, la obra de Mejías se inserta en el panorama de la poesía existencial religiosa de los años cincuenta, en paralelo a la obra de otros poetas más reconocidos por la crítica y el público lector como Blas de Otero, Ernestina de Champourcin o Vicente Gaos.

Para ubicar de la manera más precisa posible su obra y relacionarla con su contexto, planteamos, en primer lugar, un breve análisis del mapa poético de la posguerra, con especial atención a las tendencias y las circunstancias propias de los años en que surge la obra de Mejías. A continuación, proponemos un análisis del camino hacia la espiritualidad en *Hasta llegar a Dios*. Se procurará demostrar, a través de enfoques propios de la historiografía literaria, cómo encaja la poeta esa espiritualidad de corte existencial en sus textos y se pondrá en relación, cuando sea perentorio, con otra poesía española clásica y coetánea. Cerraremos este trabajo con unos apuntes finales que integren todos los aspectos desgranados en los apartados previos.

2. LA POESÍA EXISTENCIAL RELIGIOSA Y LA PROYECCIÓN DE LA ESPIRITUALIDAD EN LA POESÍA DE POSGUERRA

El traumatismo de la guerra civil española marcará, sin duda, el recorrido de la poesía española contemporánea. A la evidente ralentización creativa durante el conflicto, el exilio de algunos intelectuales y el asesinato de otros, se suma la implantación del proyecto franquista, a través del cual se intentó reducir "la capacidad de autonomía del conocimiento o cuando menos impidieron su exteriorización, cribaron el desarrollo intelectual y científico mediante su control oficial; en suma, procuraron imprimir una acusada tendencia doctrinadora a las manifestaciones culturales" (Delgado Gómez-Escalonilla, 1992, p. 2). No obstante, el proyecto del régimen de Franco no logró el nivel de consolidación ideado por sus artífices y la producción española siguió dando sus frutos. Como apunta Paul Ilie, "la infraestructura cultural resistió a la desintegración como un sistema nervioso que permanece vivo a la sinapsis generativa después que extremos del nervio maduro han sido cortados" (Ilie, 1981, p. 136).

En efecto, toda generación, incluso ante episodios traumáticos como el referido, y frente a la pérdida masiva de referentes, conserva una herencia que le sirve para poner en funcionamiento su propia andadura. Así, ninguna generación sola configura una cultura,

> e incluso cuando los patriarcas intelectuales se marchan en masa, dejan tras de sí una poderosa contracorriente: discípulos, actitudes, y dos generaciones más jóvenes con sus propias tendencias transformando ya lo que asimilaron sus mayores. Esta contracorriente oculta puede no estar concentrada, pero su existencia difusa no es menos real porque carezca de medios políticos para organizarse. (Ilie, 1981, p. 135)

Los poetas de posguerra van a recibir el testigo directo de los autores de la Edad de Plata. De ellos van a tomar, entre otros motivos, la poesía rehumanizada que caracteriza a algunos poetas del Veintisiete en su etapa previa a la guerra (Pablo Neruda o Rafael Alberti, entre otros). A pesar de las evidentes dificultades para la escritura, en este periodo el contexto literario no queda vacío. Se va instaurando progresivamente un proceso de normalización cultural que pasa por la exclusión de los disidentes y los grupos que los apoyaban, la continuación de la labor literaria de los autores que se quedan, y la aparición de otros que comienzan su andadura entonces (Marías, 2000, pp. 268-269).

Entre los que se quedaron se puede constatar un legado clave que partiría de esa poesía rehumanizada. José Manuel Caballero Bonald exponía que estos poetas "registraron la materia de su propia vida con una imperiosa necesidad de encontrar asideros morales, escalonadamente fijados en la recuperación de la infancia, el enraizamiento con la tierra, el entronque con la familia, la búsqueda de Dios" (Caballero Bonald, 1965: 5). En ese mismo artículo, Caballero Bonald (1965: 5) señala, además, que "lo que Dámaso Alonso[1] calificó de poesía arraigada fue más bien como una angustiosa necesidad de buscar una inmediata apoyatura entre los escombros de la desolación".

El panorama poético de la inmediata posguerra se sustenta, principalmente, en varias tendencias: una fecunda lírica de afirmación religiosa, una poesía amorosa convencional evasiva y el garcilasismo neoclasicista, al que se opone, por otro lado, la tendencia rehumanizadora de *Espadaña*. En los cincuenta, la situación se amplía y varía sutilmente con las tendencias de poesía arraigada y desarraigada, junto al desarrollo de una lírica con una manifiesta impronta social.

En el plano que nos interesa en relación con Lola Mejías, se asiste a un renacer de la poesía de tono religioso. Se produce una vuelta a Dios, que,

> sincera o no [...], era un portillo de escape por donde podían salir vivencias del poeta inexpresables sin la envoltura religiosa. Rara era la invocación a Dios en la poesía de la generación de 1927; ahora —años cuarenta—, en cambio, su mención se hace frecuente, insistente. (Alarcos, 1966, pp. 19-20)

---

[1] Se refiere al conocido artículo "Poesía arraigada y poesía desarraigada", publicado en *Poetas españoles contemporáneos* (1952). Gredos.

Dios se erige en este momento en "el interlocutor a quien se dirigen poemas y poemas" (Alarcos, 1966, p. 20). Emilio Alarcos lo expresa de manera concisa en el volumen dedicado a la poesía de Blas de Otero:

> mientras el poeta de 1927 vive —tal Guillén— en un mundo que "está bien hecho", el poeta nuevo de la década de los cuarenta habita un planeta desquiciado; en casa, huellas de una guerra fraterna; en torno, las fuerzas universales desenfrenadas; decididamente, el mundo ya no está bien hecho, no hay posible asiento, faltan apoyos en lo visible, y el poeta busca realidades más altas e intemporales que le sostengan y le guíen. Si es creyente, posee ya estos seguros cables y se recoge al amparo de lo celeste; si la creencia le falta, la añora o la inventa o la sueña, y viviendo de este sueño hace de la necesidad virtud, y al Señor —si inventado no importa— se dirige pidiendo refugio y repaire de los vientos alborotados del mundo. (Alarcos, 1966, p. 20)

Estas líneas de Alarcos sirven para confirmar la relevancia de Dios como tema en la poesía existencial de posguerra. En la literatura española del siglo pasado, y especialmente entre los años cuarenta y cincuenta, la cuestión religiosa afronta un resurgimiento propiciado por las políticas sociales, educativas y religiosas del régimen franquista. Si bien la religiosidad había recibido poco antes la atención mesurada de los poetas del Veintisiete, ahora en el periodo de posguerra la aproximación a Dios se establece como motivo temático y a partir de su figura, con la que se dialoga y a la que se interpela con frecuencia.

3. EL CAMINO HACIA LA ESPIRITUALIDAD EN *HASTA LLEGAR A DIOS*

La poesía de Lola Mejías se inscribe, casi en su totalidad, en la poesía religiosa de corte existencial. Debe tenerse en cuenta que su obra surge en los años cincuenta, cuando se produce cierto relajamiento de las circunstancias sociales y culturales expuestas, y no se publica hasta 1964. Precisamente 1964 es el año que Carlos Bousoño considera el final de la rehumanización del arte y la respuesta ante la angustia que se deja ver en los textos de la época. Así, según Bousoño, el efecto de la rehumanización del arte se resuelve de la siguiente manera:

> a) hacia el cobijo o el anhelo, con más frecuencia conturbado, de la religión, bien confesional y concreta, o solo vagamente deísta; b) hacia el respaldo de la solidaridad humana, ya sea en su latido y sentido de comunión, o en su más explícito acotamiento político; o, en fin, c), la afirmación simple y pura de los valores de la vida como tal, modestos, eso sí, pero reales *a pesar de* todo y sin que necesitemos de manera imperiosa *chuparnos el dedo* para poder percibirlos. (Bousoño, 1976, p. 406)

La trayectoria de Lola Mejías, prácticamente desconocida hoy día, se reduce casi de manera exclusiva a la publicación del poemario *Hasta llegar a Dios*, en el que nos fijamos para el propósito de este capítulo. Su reducida obra —y especialmente este título— resulta significativa en el marco de la literatura religiosa existencial de mediados de siglo.

Lola Mejías nació en Torremocha, Cáceres, en 1912. Casada con el también poeta y catedrático de Filosofía Eugenio Frutos[2], se

[2] Eugenio Frutos (1903-1979), también extremeño, ha gozado de mayor reconocimiento en los trabajos de historia literaria, especialmente en los dedicados a la literatura en Extremadura. Es uno de los referentes indiscutibles del siglo XX en la región, sobre todo por su incursión en las vanguardias. Su obra se enmarca en lo que hoy se reconoce como *generación* o *grupo del 36*. Algunos de sus títulos más conocidos han sido editados por reconocidos críticos. Es el caso, entre otros, de *Políptico de Cáceres y otros poemas* (1990), (Ricardo Senabre, Ed.). Delegación Provincial de Cáceres; *Prisma y otros asedios a la vanguardia* (1990), (Alberto Montaner Frutos y José Enrique Asenjo, Eds.). Diputación de Badajoz, y *Torbellino de aspas* (1991), (Alberto Montaner Frutos y José Enrique Asenjo, Eds.). Centro Cultural de la Generación del 27.

trasladó con su familia primero a Barcelona y más tarde a Zaragoza, donde vivió el resto de su vida (hasta 1999, año de su fallecimiento). Mejías participó del mundo cultural zaragozano, en el que frecuentó tertulias y publicó poesías y cuentos en distintas revistas bajo la firma de Lola Mejías y Lola Mejías de Frutos. Sin embargo, nuestra autora no tuvo una conciencia de conservar y agrupar lo que iba escribiendo, por lo que resulta difícil llegar hasta sus textos y establecer un panorama amplio de su obra. Hemos recuperado algunos textos inéditos y otros publicados en volúmenes colectivos como *Poesía extremeña actual (3.ª parte)* (1979), editado por José Miguel Santiago Castelo, y en *Yin, poetas aragonesas 1960-2010* (2010), en edición de Ángel Guinda. En este último título es Lola Mejías la encargada de inaugurar la sección de poetas escogidas.

Con todo, *Hasta llegar a Dios* es una muestra suficiente y clara de lo que planteamos en este capítulo: el camino hacia la espiritualidad en sus textos. La escritura de este volumen data del periodo de 1954 a 1959, según consta en la dedicatoria del propio libro, y se publicó en Tipografía Aragonesa de Zaragoza, en edición no venal, en el 64. Esto ofrece ya una pista importante sobre qué tipo de literatura encontramos y dónde podemos ubicarla:

> DEDICATORIA
> Con mi fe, con mi amor
> al padre de mis hijos, a ellos.
> Años de 1954 al 1959

Los paratextos que se insertan en una obra aportan una información valiosa sobre su contenido y configuración. Así ocurre tanto en la dedicatoria, sobre todo por lo referido a las fechas, como en la cita que se incorpora a modo de pórtico en el libro:

> ¡Ay, quién podrá sanarme!
> Acaba de entregarte ya de vero.

No quieras enviarme
de hoy ya más mensajero,
que no saben decirme lo que quiero.

Estos versos pertenecen a *Canciones entre el Alma y el Esposo*, de San Juan de la Cruz. Es un diálogo sostenido entre esposos, un diálogo matrimonial, que forma parte de *Cántico espiritual*, publicado en 1578. La obra la compuso San Juan de la Cruz durante su encarcelamiento en Toledo. Allí memorizó las 30 primeras estrofas al no disponer de medios para escribirlas. El propio San Juan exponía lo siguiente en relación con la progresión y el argumento de la obra:

> El orden que llevan estas canciones es desde que un alma comiença a servir a Dios hasta que llega a el último estado de perfectión, que es matrimonio espiritual, y assí en ellas se tocan los tres estados o vías de exercicio spiritual por las quales passa el alma hasta llegar al dicho estado, que son purgativa, yluminativa y unitiva, y se declaran acerca de cada una algunas propiedades y effectos della. (De la Cruz, 1985, p. 129)

Este comentario resulta muy pertinente para interpretar, con más detalle, la obra de Lola Mejías. La lectura de las *Canciones* confirma que, efectivamente, hay una búsqueda ansiosa del alma. En el fragmento escogido por nuestra poeta se hace alusión al mundo interior de la esposa. Esa interjección inicial ("¡Ay!") "es la voz de la tragedia" (López Quero, 2009); a partir de aquí, en la *Canción* se hablará de sufrimiento y muerte. La lectura del texto de San Juan de la Cruz confirma que es el Esposo el único que puede sanar el alma y que no hacen falta ya más intermediarios ("no quieras enviarme / de hoy ya más mensajero"). A su vez, la locución adverbial *de vero* "implica que la esposa reclama la presencia del Esposo como algo real" (López Quero, 2009). No debe olvidarse, por último, esa "fe" a la que alude también Lola Mejías en la dedicatoria para comprender la obra en su contexto. En el análisis de este poemario conviene tener presente esta cita inicial de San Juan de la Cruz, ya que la propia lectura remitirá directa o indirectamente a este paratexto.

Hasta llegar a Dios consta de 24 poemas que se incardinan en esa lírica abundante de afirmación religiosa que cultivan algunos autores, sobre todo en los años cuarenta. La *Antología de la poesía sacra*, de Ángel Valbuena Prat, de 1940, es ya reveladora de lo que decimos. A diferencia de otros poetas, de los que conocemos más textos y podemos trazar una evolución más o menos clara (véanse los ejemplos de Blas de Otero, Vicente Gaos, José María Valverde o Ernestina de Champourcin), de Mejías solo contamos con los textos de este volumen, algunos en publicaciones colectivas y otros inéditos. Pero si los situamos en el panorama en que surgen y los relacionamos con los poetas citados y con otros poetas más reconocidos en la época, podemos constatar una serie de características comunes presentes en los poemas.

En *Hasta llegar a Dios* hay una evidente inclinación religiosa que se advierte desde el propio título, la dedicatoria y el paratexto de San Juan ya analizado. En esta obra la autora habla, ante todo, de Dios, a quien invoca o al que se dirige en numerosas ocasiones. La primera piedra de este camino poético es el *yo*, seguido del *yo* y el *tú*, y finalmente la del *nosotros* y *ellos* —entendido como *todos*, refiriéndose a la humanidad—. El *yo* de estos poemas tropieza con un *tú* (Dios) ausente al que reconoce sus sacrificios como Creador. Esto se refleja, en buena medida, en el uso de los pronombres y determinantes, que en el caso de los dirigidos a Dios (ese *tú* al que se refiere) aparecen en mayúsculas:

> No fuiste *Tú* quien eligió *tu* muerte.
> *Yo* lo sé y no quiero que me expliques:
> ¡he visto tanto ya de *tu* postura! (*HLAD*, p. 9)

> ¿Fue solo el juego lo que indujo al hombre
> a tirar contra *Ti*?

Eras *Tú* el que quería.
Tu palabra les puso locos con su fuerte brillo,
y aquel mazo *Tú* mismo lo blandiste
para hacer tuyo el golpe, *tuyo* solo. (*HLAD*, p. 10)

Mis manos tiemblan de apuñar la nada,
y la nada es el círculo cerrado
en donde habita *mi* forzada calma.
Estas moscas, que plácidas rastrean
sobre *mi* piel ardiente,
este sudor que agota *mis* deseos
y esta campana del reloj vecino,
que clava sus minutos en *mi* vida,
son el agua y la piedra del molino
que tritura *mis* sueños,
rodantes sueños por el tiempo huidos. (*HLAD*, p. 14)

Y el sol se ennegreció cuando morías.
Ellos sintieron "repeluznos" unidos
por *tu* extraño acabar.
[...]
Fue un gran alivio para
los que el fausto del templo *les* dolía[3]. (*HLAD*, pp. 42-43)

El Dios que se identifica en la primera parte de la poesía de Mejías es una figura entregada y sufrida, una figura que los hombres (*nosotros*) no han reconocido y valorado suficientemente y en quienes recae la culpa de su martirio:

Tu andadura y tu voz ataban fuerte
enredando sus viejas vestiduras,
y por librarse de tu atar rotundo,

[3] Las cursivas de los fragmentos son nuestras.

hecho con tanto brío y maravilla
empuñaron, terribles, el martillo,
machacando tu vida, tan humana;
pero se parecía su martillo
al tuyo, tan pulido, tan dorado,
por el orfebre del amor bruñido.
Les diste todo. (*HLAD*, pp. 10-11)

Dios se presenta ante el lector con la apariencia humana encarnada en Cristo, reflejo de un amor y bondad infinitos. El yo poético se adentra en un camino oscuro en la búsqueda de Dios: "Densa es la noche y grande es la fatiga" (*HLAD*, p. 14). Reaparece aquí la figura de San Juan de la Cruz, en análoga busca y con la esperanza de unirse al Creador:

Ya que mis alas tensas
estaban por el ritmo de mis horas,
prestas a izar el vuelo en las alturas,
llegó esa mano de mi Dios amigo,
que cortó las nervudas
cuerdas con las que ataba mis ensueños.
[...]
Sábelo, Dios, mi compañero amigo,
quiero acabar para seguir viviendo. (*HLAD*, p. 12)

Hay una plena fe en Cristo, de quien destaca, además, su generosidad:

Yo creo en Ti. Te creo
porque fuiste sincero
en tu dolor de hombre
[...]
¿Los hombres? ¡ah, los hombres,

qué puercos! Y no obstante,
tu Padre, emocionado,
te endosó tal figura.
[...]
Te creo, sí, te creo
porque has sido y serás
el Único
y, sábelo de cierto,
te lo mereces Tú. (*HLAD*, pp. 16-17)

Tu sufrimiento fue
un generoso dar, con desaliento,
¡pero Tu entrega mágica...!
¡Qué gallardía la tuya,
Dios en Cristo humillado! (*HLAD*, pp. 18-19)

El yo poético sabe bien hacia dónde dirigirse a pesar de los obstáculos del mundo y de los hombres:

Ahora, después de tanta ruina,
ahora te he visto.
Solo Tú, pleno, terriblemente Único,
poder inasequible entremezclado
de dulzura sin fin y sin principio,
sin finitud de la materia viva.
Y eres el Algo que buscaba incierta,
corroyendo mi alma
con el orín del tiempo no vivido. (*HLAD*, p. 26)

El verso que encontramos en *Hasta llegar a Dios* es un verso sin aparentes ornatos, de léxico sencillo y con un interesante desarrollo de imaginería. Hay una imagen que se repite a lo largo de toda la obra que es la constatación de la bondad del dolor y el convencimiento en la salvación del individuo —algo parecido a esa idea de "Lo mejor de mi vida es el dolor. Tú sabes / cómo soy. Tú levantas esta carne que es mía", de Leopoldo Panero, en "El templo vacío" (1949)—. Así se aprecia en los siguientes ejemplos:

> ¡Qué trabajo le impones
> al hombre cuando nace!
> Es el trabajo enorme
> de vivir hasta cuando
> tu aliento se detiene. (*HLAD*, p. 20)

> Todo en mi vida, recordando, es fría
> ducha sobre el recuerdo y el sentido. (*HLAD*, p. 23)

> Te tenía olvidado, ¡pero tanto…!
> Ni imaginar pudiera
> que tu existir eterno colmaría
> el cansancio, la sed y la tortura
> de vivir y vivir… (*HLAD*, p. 45)

Apela al enorme pesar de vivir, a las dificultades, y a la bondad del dolor. Se cree en la salvación de la persona que llegaría tras la muerte. Esto enlaza con la ascética y la mística. El yo poético pasa a través de los textos por la vía purgativa, la iluminativa y la unitiva, presentes en los textos de San Juan de la Cruz. En los poemas ya parece haber dejado el alma apartada del pecado y observamos, mayormente, ejemplos de la vía iluminativa y, sobre todo, deseos de llegar a la unitiva. El último estadio es el propio de la mística, un grado superior que está reservado solo para "algunas almas escogidas a las que Dios distingue con gracias especiales" (Pedraza & Rodríguez, 2012, p. 96). El yo poético se muestra ansioso por unirse a Dios, tal como se aprecia en los versos citados de "Sábelo, Dios, mi compañero amigo / quiero acabar, para seguir viviendo". Se observa un claro deseo de llegar a Dios para vivir una vida plena y real, en unión con el Creador. Así se observa también en el duodécimo poema del volumen:

> El camino, tan largo, nos unía
> y sin embargo, la distancia era
> una sima sin fin, un abismo sin fondo.
> Todo era, todo, en el silencio unido.
> [...]
> Llegó un amanecer y me dijiste:
> —Camina hasta alcanzarme;
> he lavado tus pies, mientras dormías.
> Y seguí caminando, caminando... (*HLAD*, pp. 28-29)

A su vez, ese camino se muestra difícil y lleno de obstáculos. Dios se resiste al encuentro y la voz poética se adentra en una afanosa lucha desde su soledad:

> He de llegar a Ti,
> pero estoy viendo
> que el camino es torcido a cada instante
> por el loco fluir de las ideas,
> que llevan y que traen
> cual las olas del libre pensamiento.
> [...]
> Para llegar a Ti
> habrá que curvar siempre
> la mirada, la mente, los deseos,
> todo aquello de frágil que nos diste
> para el simple vivir. (*HLAD*, pp. 30-31)

La poeta llega a una encrucijada en la que se debate entre el marcharse —resuenan aquí ecos manriqueños— y el quedarse, entre la vida y el inexorable transitar hacia la muerte. Su voz se siente sola en el mundo, de la misma manera en que los místicos aludían a los estados de sequedad en la noche sensitiva (San Juan de la Cruz es el mejor ejemplo de ello) y la sensación de pérdida en ese camino. Remite a su vez al siguiente verso de San Juan del que Blas de Otero se sirve en la dedicatoria de *Ángel fieramente humano* (1950): "pensando… que los ha dejado Dios". Así se refleja en los textos centrales de *Hasta llegar a Dios*:

> Tengo miedo y el tiempo no me calma;
> tengo miedo y el alma no me duerme,
> tengo miedo y el corazón responde,
> a toda mi medrosa calentura.
> Tengo miedo de mí, de Ti, de todo;
> del charco que se cruza en mi camino,
> de los ojos que miran acechando,
> de los álamos tristes del regato
> sobre la negra noche;
> del hombre, con mirar duro de odio,
> del alma en llanto triste, con presencia
> de lo que ya no es y fue tan recio.
> […]
> Tengo miedo de hacer lo que no quiero,
> de ser un astro errante en mi nostalgia
> cubriéndome del polvo de mi andar inseguro,
> de quedarme sin Dios, sin pan,
> sin agonía cierta. (*HLAD*, pp. 32-33)

La voz poética teme no encontrar el camino adecuado para llegar a Dios (ese "andar inseguro / de quedarme sin Dios, sin pan / sin agonía cierta" con el que cierra el poema). De esta manera, Lola Mejías se sitúa en la órbita de autores que proyectan sus preocupaciones religiosas con tonos místicos y acentos sanjuanistas.

Como ya hemos apuntado, es el mismo panorama en el que orbitan figuras como Blas de Otero, a quien recuerdan algunos de los versos que leemos en *Hasta llegar a Dios*. En *Redoble de conciencia* (1951), libro de afirmación como el de Lola Mejías, Otero escribía lo siguiente:

> Me haces daño, Señor. Quita tu mano
> de encima. Déjame, con mi vacío,
> déjame. Para abismo, con el mío
> tengo bastante. Oh Dios, si eres humano,
>
> compadécete ya, quita esa mano
> de encima. No me sirve. Me da frío
> y miedo. Si eres Dios, yo soy tan mío
> como tú. Y a soberbio, yo te gano. (Otero, 1951, p. 24)

El tono de Otero en estos cuartetos es el de una voz que se dirige a Dios "para clamar, protestar, imprecar; e incluso retar" (Sanz Villanueva, 1994, p. 356). Es esta una poesía "tremendamente angustiada, basada en un ansia de Dios que lleva precisamente a una lucha con Él bajo el imperioso estímulo de la muerte y del amor. El resultado, desgarrador, es una gran desolación y la visión estremecedora del vacío absoluto que es la vida del hombre" (Sanz Villanueva, 1994, p. 356). Estas ideas pueden trasladarse, con mayor o menor adecuación, a la obra de Mejías.

4. APUNTES FINALES

Hasta llegar a Dios se caracteriza, en suma, por una temática religiosa que revela una perspectiva vital confiada y asida a la fe. Es una poesía de afirmación que poco a poco se transforma en una pregunta ansiosa y firme sobre el final del camino y la unión con Dios. El poemario se sirve de imágenes diversas y de motivos variados para apuntar ese difícil camino hasta el Creador. Sobresalen, sin duda, los ecos sanjuanistas, pero también los manriqueños y los paralelismos con autores coetáneos como Blas de Otero o Leopoldo Panero. *Hasta llegar a Dios* es el tránsito por una vida pensada en la fe, agradecida con el Creador y temerosa de él. Este volumen, el único publicado por la autora en vida, es una muestra más de la poesía religiosa de corte existencial de mediados de siglo en la que se reconocen ecos místicos y que se inserta de manera decidida y clara en el contexto en que surge.

REFERENCIAS BIBLIOGRÁFICAS

Alarcos, E. (1966). *La poesía de Blas de Otero*. Anaya.

Alonso, D. (1952). *Poetas españoles contemporáneos*. Gredos.

Bousoño, C. (1976). *Teoría de la expresión poética* (6.ª ed. aumentada). Gredos.

Caballero Bonald, J. M. (1965). Apostillas a la generación poética del 36. *Ínsula*, *224-225*, 5.

De la Cruz, S. J. (1985). *Cántico espiritual*. *Poesías* (C. Cuevas García, Ed.). Alhambra.

Delgado Gómez-Escalonilla, L. (1992). *Imperio de papel: Acción cultural y política exterior durante el primer franquismo*. Consejo Superior de Investigaciones Científicas.

Frutos, E. (1990), (R. Senabre, Ed.). *Políptico de Cáceres y otros poemas*. Delegación Provincial de Cáceres.

Frutos, E. (1990), (A. Montaner Frutos & J. E. Asenjo, Eds.). *Prisma y otros asedios a la vanguardia*. Diputación Provincial de Badajoz.

Frutos, E. (1991), (A. Montaner Frutos & J. E. Asenjo, Eds.). *Torbellino de aspas*. Centro Cultural de la Generación del 27.

Guinda, Á. (Ed.). (2010). *Yin: Poetas aragonesas, 1960-2010*. Olifante.

Ilie, P. (1981). *Literatura y exilio interior: Escritores y sociedad en la España franquista*. Editorial Fundamentos.

López Quero, S. (2009). Estructura literaria de las "Canciones entre el Alma y el Esposo" de Juan de la Cruz: La búsqueda ansiosa (1-12). *Criticón*, *105*, 59-84. https://doi.org/10.4000/criticon.12544

Marías, J. (2000). La vegetación del páramo. En *Ser español* (pp. 268-269). Planeta.

Mejías, L. (1964). *Hasta llegar a Dios*. Tipografía Aragonesa de Zaragoza.

Moeller, C. (1981). *Literatura del siglo XX y cristianismo*. Gredos.

Otero, B. de. (1951). *Redoble de conciencia*. Instituto de Estudios Hispánicos.

Panero, L. (1949). *Escrito a cada instante*. En *Obras completas. Vol. I. Poesías (1928-1962)* (Ed. Juan Luis Panero). Editora Nacional.

Pedraza, F. B., & Rodríguez, M. (2012). *Las épocas de la literatura española* (1. ed). Ariel.

Rodríguez, J. M. (1977). *Dios en la poesía española de posguerra*. EUNSA.

Santiago Castelo (Ed.). (1979). *Poesía extremeña actual. 3.ª parte*. Esquina Viva.

Sanz Villanueva, S. (Ed.). (1994). *Historia de la literatura española. 6 2: El siglo XX Literatura actual / Santos Sanz Villanueva* (5.ª ed). Ed. Ariel.

Valbuena Prat. Á. (1940). *Antología de la poesía sacra española*. Apolo.

Valverde, J. M.ª (1944). Lo religioso en la poesía actual. *La Estafeta Literaria*, 13.

La paloma como símbolo de la difusión de la identidad en *La señorita Cora* de Julio Cortázar y *El palomo cojo* de Eduardo Mendicutti

SANTIAGO SEVILLA-VALLEJO
Universidad de Salamanca
santiagosevilla@usal.es

RESUMEN

La adolescencia se caracteriza por el reto de construir la identidad, pero es muy frecuente que esta no se consiga, es decir, que se produzca la difusión de la identidad. Esta situación se presenta en *La señorita Cora* de Julio Cortázar y *El palomo cojo* de Eduardo Mendicutti, cuyos protagonistas son dos chicos enfermos que empiezan a descubrir su sexualidad, aunque con grandes conflictos. Asimismo, en ambos relatos cuando los protagonistas se sienten perturbados aparece una paloma. En este estudio se analiza las formas con las que se desarrolla el reto evolutivo de la adolescencia para cada uno de los protagonistas. Es especialmente interesante porque la paloma en cada caso funciona como un símbolo de la difusión de identidad que experimentan.

PALABRAS CLAVE: *Identidad, difusión de la identidad, paloma, símbolo*

ABSTRACT

Adolescence is characterized by the challenge of building identity, but it is very common that this is not achieved, that is, that identity diffusion occurs. This situation is presented in *La senorita Cora* by Julio Cortázar and *El palomo cojo* by Eduardo Mendicutti, whose protagonists are two sick boys who begin to discover their sexuality, albeit with great conflicts. Also, when the protagonists feel disturbed, a dove appears in both stories. This study analyzes the ways in which the evolutionary challenge of adolescence is developed for each of the protagonists. It is especially interesting because the dove in each case functions as a symbol of the identity diffusion experienced by the characters.

KEYWORDS: *Identity, identity diffusion, dove, symbol*

1. Introducción a los motivos de la difusión de la identidad

En un trabajo anterior, se ha observado cómo la adolescencia supone un periodo de perturbación emocional que queda reflejado en *La señorita Cora* de Julio Cortázar y *El palomo cojo* (1991) de Eduardo Mendicutti (Sevilla-Vallejo, 2019). Estos textos son relatos de formación[1] con una honda mirada en el desarrollo de la persona adolescente, pero, en este caso, interesa dar más importancia al simbolismo que tiene en ambos relatos un ave para representar el conflicto que viven los personajes. Por ahora, vamos a fundamentar el reto evolutivo al que se enfrentan los protagonistas de ambos relatos. Conforme a la teoría de Erik Erikson, la adolescencia es un momento vital en el que el sujeto trata de definir quién es, tanto en su forma de sentir, pensar y actuar en un sentido habitual, como en roles concretos propios de los adultos, como son el rol amoroso y profesional. Aquellos casos que tienen más éxito alcanzan propiamente una identidad, aunque esta no acaba de estar terminada por completo; mientras que aquellos que no alcanzan esta, se caracterizan por la difusión de la identidad, es decir, por una forma de sentir, pensar, actuar, y ocupar roles, de forma incierta y variables.

---

[1] Empleamos el término relato de formación en el sentido que le da Maylis Santa-Cruz para referirse a que los textos pertenecientes a este género muestran el crecimiento del personaje en su conjunto (en sus emociones, pensamientos y actitudes).

La adolescencia es una etapa de tránsito en la que la persona deja su forma de actuar y sus identificaciones de la infancia, para abrirse a una forma de conducta y referentes adultos (Erikson, 1994, p. 155). La infancia representa una situación de cierta tranquilidad porque es una etapa en la que la persona establece vínculos en los que confía. "The fate of childhood identifications, in turn, depends on the child's satisfactory interaction with trustworthy representatives of a meaningful hierarchy of roles" (Erikson, 1994, p. 159). Sin embargo, en la adolescencia, la persona cuestiona esos vínculos y empieza a establecer un sistema de valores propios que le servirá para actuar. El cambio de identidad que tiene lugar en este periodo representa un enorme reto, que tiene al individuo en tensión para mantener las defensas de su yo frente a una creciente intensidad de impulsos (Erikson, 1994, p. 156). Se espera socialmente que el adolescente fragüe una personalidad que le lleve a tener un yo estable y adaptado al contexto social, aunque no es tarea sencilla:

> Identity formation, finally, begins where the usefulness of identification ends. It arises from the selective repudiation and mutual assimilation of childhood identifications and their absorption in a new configuration, which, in turn, is dependent on the process by which a society (often through subsocieties) identifies the young individual, recognizing him as somebody who had to become the way he is and who, being the way he is, is taken for granted. (Erikson, 1994, p. 159)

Según Mircea Eliade, la narrativa moderna reedita esquemas míticos y antropológicos de relatos anteriores. Es decir, la literatura actualiza temas esenciales de la naturaleza humana (Santa-Cruz, 2009, p. 39), especialmente en los relatos de formación, en los que los personajes se enfrentan a situaciones que les invitan a actuar frente a los obstáculos (Santa-Cruz, 2009, p. 40), los cuales representan de forma simbólica los problemas que experimentamos las personas en la vida cotidiana. Tanto *La señorita Cora* como *El palomo cojo* tratan los tortuosos primeros pasos de un niño hacia la adolescencia. Ambos protagonistas están enfermos y, por lo tanto, necesitan la ayuda de sus familias. Además, sufren principalmente por el cambio evolutivo en que están inmersos y se sienten incomprendidos. *La señorita Cora* y *El palomo cojo* nos permiten comparar la forma con que dos jóvenes en situaciones muy parecidas afrontan el reto de conseguir una identidad propia y distinta de las personas que les rodean. Y, pese a las coincidencias, veremos cómo el tono que tiene cada relato y la forma con la que se comporta su personaje son muy diferentes.

En *La señorita Cora,* se produce un interesante contraste entre la técnica narrativa y el desarrollo del relato. Por un lado, "la *mayoría* de los personajes son narradores" (Paredes, 1988, p. 296), cuyas intervenciones reflejan la experiencia interior de cada uno de ellos y complementan a la de los demás, tal como señala Tamara García (2008, p. 242). Alberto Paredes defiende que: "La confluencia narrativa es el conducto para que afloren los lazos afectivos entre ellos. Se crea el difuso espacio deseante adonde cada uno de los tres personajes básicos envía su impulso amoroso" (1988, p. 296). Por otro lado, los protagonistas no se comunican porque no tienen "deseos manifiestos, tan sólo tensiones emotivas fruto de la inmadurez..." (Mora , 1982, p.157). La sucesión de reacciones de los distintos narradores o diálogo deseante (Sevilla-Vallejo, 2010, p. 4) da lugar a una gran incomprensión entre ellos. *La señorita Cora* se puede organizar en torno a dos temas: "a enfermidade do rapaz que recrúa segundo a acción adianta; por outra, a relación do enfermo e a enfermeira, que vai mudando ao longo do relato" (García, 2008, p.251). La enfermedad es el marco de indefensión en el que se encuentra Pablo frente a la mujer que le gusta y que le trata como a un niño. En *La señorita Cora* alternan las intervenciones de Pablo y Cora, por el deslizamiento de un narrador a otro (Tamborenea, 1986).

El palomo cojo es una novela que sigue "la estructura del relato iniciático" (Perretta, 2013, p. 235) de forma más clara. Felipe es un joven que descubre que su identidad sexual es diferente de lo que el mundo en el que vive espera. Esta novela se centra en la búsqueda de la identidad sexual de su protagonista a través de los modelos que le rodean en su convalecencia. De acuerdo con Gilda Perretta:

> [...] ofrece un punto de vista muy interesante para analizar el tema de la homosexualidad como ejemplo de disidencia: por su estructura y sus características argumentales se puede considerar una novela de aprendizaje en la que se narra el proceso de autoconocimiento y formación de la personalidad del individuo que incluye, en este caso, el descubrimiento de su identidad homosexual y, por lo tanto, la problemática de la aceptación de la diferencia en oposición al canon. (2013, p. 234)

El palomo cojo muestra una biografía contraria al modelo establecido. En lugar de relatar los pasos de un joven hasta convertirse en un adulto, seguro de sí mismo y triunfador, nos cuenta las inquietudes de un niño que descubre que es un "rarito", es decir, tiene una forma de ser que la sociedad no puede acabar de aceptar.

2. La paloma como símbolo de la difusión de la identidad

Pablo y Felipe tienen en común la paloma como un símbolo del afecto torturado que experimentan. No podemos saber si hay una influencia de un relato sobre otro o se trata de un caso de poligénesis. Pero resulta mucho más interesante analizar este recurso literario. En un primer momento, puede parecer chocante que la paloma esté asociada a aspectos de la indefinición de la identidad y al dolor del cambio. González (1999) realizó un estudio de la paloma como símbolo en la literatura cristiana. La paloma ha tenido distintos valores. Quizá el más conocido es el de que la paloma anuncia la paz, pero también tiene el de la inspiración divina y de la representación específica de personajes sagrados como el Espíritu Santo, Jesús y la Virgen María. Estos serían algunos ejemplos que parecen muy lejanos a lo que vemos en los relatos que se trabajan en este capítulo. Sin embargo, el estudio de González (1999) nos ofrece un caso mucho más interesante. En relación con el *Cantar de los cantares*, indica que la paloma refleja la soledad. Sin que podamos sugerir una influencia, se puede observar una confluencia muy interesante. La paloma es un animal que comparte con los protagonistas la distancia en la que vive y podría ser una buena imagen del alejamiento que se produce en la adolescencia de los vínculos y seguridades de la infancia. De este modo, los protagonistas se sienten separados de aquellos a los que quieren o, incluso, lejos de saber que es lo que realmente quieren, lo que constituye la difusión de la identidad. Ambos pueden oír a las palomas desde la cama donde pasan su enfermedad. Pablo las escucha desde la cama del hospital: "Empiezan siempre a la misma hora, entre seis y siete de la mañana, debe ser una pareja que anida en las cornisas del patio, un palomo que arrulla y la paloma que le contesta, al rato se cansan" (p. 103)[2]. Las palomas representan el amor que el personaje no va a poder alcanzar, por ese motivo disgustan a Pablo. "Ya ni sé cuánto hace que las oigo, las primeras mañanas estaba demasiado dormido o dolorido para fijarme, pero desde hace tres días escucho a las palomas y me entristecen, quisiera estar en casa..." (p. 104). En cambio, Felipe oye al palomo desde la cama de la casona de sus abuelos, donde ha ido a recuperarse de una mezcla de anemia y destemplanza: "me fijé en una paloma que se paseaba, con un movimiento raro y como melindroso [...] en seguida pensé que era una paloma tristona y solitaria y que lo estaba pasando mal" (p. 26). Felipe recuerda que él también estuvo cojo un tiempo: "tardó mucho en quitárseme el comecome de saberme cojo, por poquito que fuera y por mucho que me dijese a mí" (p. 27). Después, descubre a través de la Mary el dicho popular "más mariquita

[2] Para distinguir de forma más sencilla las referencias a las obras literarias, estas se indicarán únicamente con la página.

que un palomo cojo". De este modo, tiene lugar una identificación que señala que Felipe es también tristón, solitario y lo pasa mal y, además, va a ir construyendo su identidad como homosexual a lo largo de la novela. *El palomo cojo* pone el "énfasis en su carácter de territorio en-un hacerse" (Fumis, 2012, p. 1297), es decir, en la construcción de la identidad del protagonista.

En la adolescencia, se produce un distanciamiento de las identificaciones familiares para construir una identidad propia: "Being firmly convinced that he is a person on his own, the child must now find out what kind of a person he may become. He is, of course, deeply and exclusively "identified" with his parents, who most of the time appear to him to be powerful and beautiful, although often quite unreasonable, disagreeable, and even dangerous" (Erikson, 1994, p. 115). Este proceso resulta conflictivo porque los padres ejercen una autoridad ambivalente, que debe ser reajustada y el adolescente puede sentirse desorientado sobre quién es él realmente. "They are sometimes morbidly, often curiously, preoccupied with what they appear to be in the eyes of others as compared with what they feel they are, and with the question of how to connect the roles and skills cultivated earlier with the ideal prototypes of the day" (Erikson, 1994, p. 128). Pierre Bourdieu explica que la familia es, por una parte:

> [...] agente activo, dotado de voluntad, capaz de pensar, de sentir y actuar y fundada sobre un conjunto de presupuestos cognitivos y de prescripciones normativas concernientes a la manera correcta de vivir las relaciones domésticas: universo de donde están suspendidas las leyes ordinarias del mundo económico, la familia es el lugar de la confianza (*trusting*). (1997, p. 2)

Y, por otro lado, hay que tener presentes "las relaciones de coerción entre los miembros del grupo familiar funcionando como campo (y, por tanto, de la historia que hay detrás de este estado de cosas), estructura que está siempre presente en las luchas al interior del campo doméstico" (Bourdieu, 1997, p. 7). La familia es un espacio donde se ponen en juego las identidades de sus componentes en un proceso de negociación. Según Domínguez, hay que pensar la familia "no como una institución social, ni como el lugar de constitución de una estructura psíquica, sino como el sitio donde se ponen en juego relatos y se negocian posiciones de poder discursivo e interpretativo" (Fumis, 2012, p. 1297). Cada familia debe definir qué significa ser padre y qué significa ser hijo. "Resulta inviable mantener una descripción saturada y suturante de lo que se denomina familia, dado que las prácticas que la sostienen –amor, reproducción, violencias, crianzas de los hijos, producción doméstica, etc.– se caracterizan por las diferencias respecto del modelo propuesto como insustituible" (Fumis, 2013, p. 4).

En *La señorita Cora*, a Pablo le gusta una enfermera y querría pretenderla, pero tanto esta como su familia lo consideran un niño. Según Roberto Chacana, el problema de Pablo es la emancipación que, por estar enfermo, se vuelve más complicada (2010, pp. 409-411). La madre de Pablo es el principal obstáculo para su emancipación, la cual trata de lograr Pablo distanciándose de su madre y acercándose a Cora. La madre trata a Pablo y a la enfermera con un autoritarismo que inicia la falta de comunicación: "Todos os supostos problemas de Pablo con Cora teñen orixe na nai de Pablo, pois tratou mal a enfermeira" (García, 2008, p. 250). La madre debiera ofrecerle el amor maternal y Cora podría ofrecerle el amor de pareja, pero los personajes son incapaces de comunicarse y unas veces se buscan y otras se repelen. En ese contexto, *La señorita Cora* descubre "el cálido mundo afectivo del niño, pronto a odiar o a amar por simpatía con singular celeridad" (Amícola, 1969, p. 35). Por su parte, en *El palomo cojo,* Felipe se da cuenta de que es diferente del resto de varones. Sus conductas responden al universo de expectativas y deseos considerados femeninos para la época: le interesa la moda, lee *Mujercitas,* sueña ser Sissi Emperatriz… (Bonatto, 2013, p. 16). Estas desviaciones de la norma le hacen temer que le llamen “rarito”.

> Por eso me callé, por eso me callaba a veces muchas cosas, porque me daba miedo que dijeran que era rarito. [...] Así que yo procuraba no hacer ni decir nada por lo que la Mary pudiera decirme ay, picha, que rarito me estás saliendo, pero a veces tenía un descuido y la Mary o Antonia o hasta mi madre [...] me lo decían” (p. 129).

El conflicto de Felipe reside en el descubrimiento de una identidad que no encaja con la mayor parte de su familia y con la sociedad en general.

Aunque no se explicitan los modelos en los que se fija Pablo, el cuento comienza con una cita a la canción *The trees that grow so high*, que trata sobre una mujer prometida a un chico muy joven. Ella tiene que esperar a que termine el colegio, pero él muere poco después de la boda. Pablo es caracterizado de un modo desesperado. Desde el comienzo, quiere parecer mayor y conseguir el afecto de Cora y trata de separarse de los modelos familiares, como la madre, a la que considera una aprensiva: “Después entré en la pieza para acompañar al nene que estaba leyendo sus revistas y ya sabía que lo iban a operar al otro día. Como si fuera el fin del mundo, me mira de un modo la pobre, pero si no me voy a morir, mamá, haceme un poco el favor” (p. 84). La forma con la que su madre se refiere a él claramente le infantiliza. Se dirige a él como el nene y en todo momento le percibe como un ser indefenso. En cambio, *El palomo cojo* sí que explicita los modelos en los que se fija Felipe. El ambiente en el que vive se divide en dos grupos:

> El primero está constituido por los que se atienen estrictamente a las normas de conducta impuestas por la sociedad: la abuela, el abuelo, tía Blanca y, en general, las visitas de la alta sociedad que éstos reciben [...]

> Del segundo grupo forman parte aquellos personajes cuya manera de vivir y de comportarse en la cotidianidad no coincide con lo que la sociedad conservadora de los años cincuenta esperaría de ellos. Pertenecen a este grupo Mary, la criada, tío Ramón y tía Victoria, dos personas, éstas últimas, que han elegido llevar una vida independiente, alejada del pueblo natal y abierta a una mentalidad europea que contrasta con la de la España de Franco. (Perretta, 2013, p. 236)

La Mary, que no tiene ningún tapujo para hablarle de sexo, le inicia en su búsqueda de identidad (Perretta, 2013, p. 237) y le habla de su tío Ramón, un hombre muy atractivo y posiblemente bisexual. Una noche, Felipe se mira en el espejo para compararse con una foto del tío Ramón:

> Pero quería verme allí, en el espejo, en la luna del armario, en la misma postura que tenía en la foto tío Ramón. No sé por qué. Quería verme igual que él [...] De pronto, me di cuenta de que ya me veía los ojos y sentí una punzada en el cuello [...]. Me entró de repente un miedo horroroso, no sabía por qué, a lo mejor porque nunca antes había estado así, solo y desnudo y mirándome a los ojos. (pp. 62-63)

Felipe comienza a construir su identidad por comparación con el tío. Al reproducir la postura de este, es como si fuera él. *El palomo cojo*

> [...] utiliza abundantes recursos de la novela de formación para dar cuenta precisamente de la distorsión genérica del yo. El niño de diez años protagonista, de hecho, conforma su identidad claramente desviada, teniendo en cuenta la visión que sobre la homosexualidad se tenía durante los años del franquismo en España. (Bonatto, 2013, p. 7)

Felipe descubre una identidad que va en contra del ideal de hombre que establece la norma. Según José Jurado Morales, "la literatura de Mendicutti representa siempre a esa parte de la sociedad que se encuentra en las antípodas con respecto al 'canon masculino–heterosexual–blanco–joven–sano–culto–rico'" (2009, p. 89). Felipe se adapta al modelo que representan los personajes "raritos", lo cual configura "un aprendizaje de género en todo punto obediente pero sexualmente desviado, o abyecto" (Bonatto, 2013, p. 16). Es decir, desarrolla una identidad que es censurada por el mundo en el que vive. La tía Victoria, el tío Ramón y la Mary:

> [...] funcionan como guías o mentores (comparables al adulto mentor en las novelas de aprendizaje tradicionales) en un contexto de fuerte represión moral, sexual y política. Se trata de una tía libertina, exiliada y que recita a Lorca en el extranjero; un tío bisexual y también perseguido político, y una criada absolutamente liberada de ataduras morales que intenta, sin éxito, iniciarlo sexualmente. (Bonatto, 2013, pp. 15-16)

3. PABLO Y FELIPE COMO ACTANTES DEL SÍMBOLO DE LA PALOMA

Las palomas en ambos relatos aparecen en momentos clave que explican el conflicto de los personajes. Cada vez que Pablo y Felipe se sienten abandonados o desorientados, las palomas presentan una imagen poética de su situación. Por ello, acto seguido ellos actúan conforme a su perturbación o como actantes de este simbolismo. Como se ha comprobado, el simbolismo es diferente, porque, mientras que en el relato de Pablo la paloma representa el amor correspondido que él no puede tener, en el de Mendicutti se explicita que no solo está asociada a la enfermedad, sino también a la orientación sexual del protagonista. Los personajes analizados están acompañados, pero solos frente a los conflictos que les provoca la relación con otras personas.

La madre, como los otros personajes secundarios, alimenta el conflicto entre Pablo y Cora y la enfermedad se agrava conforme lo hace el conflicto. Es "gracias a los monólogos y diálogos de los personajes secundarios podemos estar al tanto de los percances sufridos en el cuadro clínico de Pablo que lo llevan a la muerte" (Quintero , 1981, pp. 240-241). Pablo se disgusta por la excesiva preocupación que pone su madre en cuidarlo y esta se queja de la impertinencia de la señorita Cora. Como resume Tamara García, la madre teme acertadamente "que lle quite protagonismo diante de seu fillo" (2008, p. 254). Ni Pablo ni Cora saben cómo reaccionar ante el otro. Cora se da cuenta de la vergüenza que experimenta Pablo y este sabe bien cuando ella se enfada o se le pasa el mal humor, pero Cora no es consciente de la atracción que siente por Pablo y este pretende pasar por adulto, cuando sus actitudes son todavía propias de un niño. La incomunicación entre ambos hace que su relación se vaya crispando. Después de la operación de Pablo, Cora le cuida cariñosamente y desea, igual que sucede en *The trees…*, que fuera mayor: "Sos bien bonito, sabés, con esa nariz un poco respingona y esas pestañas como cortinas, pareces mayor ahora que estás tan pálido. Ya no te pondrías colorado por nada" (p. 93).

Aunque Cora ejerce como autoridad frente a Pablo, también tiene algunos rasgos pasivos. Así, su novio Marcial la domina: "me gusta tanto desvestirla y sentir que tiembla un poco como si tuviera frío" (pp. 97-98). Marcial ejerce sobre Cora en su relación de pareja la misma autoridad que ella sobre Pablo profesionalmente. Cora desnuda y ruboriza a Pablo del mismo modo que Marcial hace con ella. Tamara García analiza la atracción que Cora siente por Pablo del siguiente modo: "Podemos deprender que Cora quere que Pablo sexa un home para estar con el, quizais porque a súa relación con Marcial non vai ningures e porque este xa non ten a ternura dun adolescente" (2008, p. 253). La frialdad de Cora hace que Pablo se vaya distanciando de ella: "La actitud inicialmente positiva del chico hacia la enfermera cambia hasta caer en la indiferencia y casi podríamos decir de rechazo total. La postura inicial de Cora, sin embargo, sufrirá una progresión afectiva después de haber sentido lástima por él"

(Quintero , 1981, p. 239). Este distanciamiento oscila: desea dormir para no verla y después quiere tenerla al lado. Pero se produce una ruptura total cuando Pablo se decide a hablar: "Usted es mala conmigo, Cora" (p. 102), rechaza la caricia de ella y añade: "Usted no sería así conmigo si me hubiera conocido en otra parte". El protagonista se queja del trato de superioridad de ella, a veces despótico, por la situación de debilidad en que él se encuentra.

El palomo cojo tiene un tono mucho más amable, pero Felipe se enfrenta a un reto de la identidad igualmente complejo. El texto parece querer decir "'no busques, lector, imágenes familiares que representen un canon tradicional de la sociedad'; porque los sujetos que respiran en las páginas son los que se oponen a la regularización, a la representación heteronormativa de lo familiar. La tradición, repetimos, se corre a los márgenes, y la anterior marginalidad ejerce un proceso de centralización que se lo come todo" (Ruiz, 2011, p. 1). Los personajes en los que Felipe se fija son llamados "raritos" por la desviación que representan con respecto al modelo social que hay para varón y mujer. La sexualidad de Felipe le va a apartar de lo que la sociedad espera de un varón. A través de sus modelos "raritos", Felipe toma distancia de la identidad que la sociedad quiere imponerle y, al mismo tiempo, se da cuenta del sufrimiento que eso implica:

> se encuentra atrapado en una dualidad dolorosa: por un lado, comienza a reconocer y aceptar su diferencia, pero por otro intuye la dificultad y el sufrimiento que su identidad le pueden causar en las relaciones sociales. Porque ese *rarito*, aunque a veces pueda tener hasta un matiz cariñoso, lo catapulta fuera de los límites de lo socialmente aceptado, lo estigmatiza como alguien que no se adecúa perfectamente a lo deseado por las personas que lo rodean, y por lo tanto lo condena a un triste destierro. (Perretta, 2013, p. 240)

Desde el mismo momento en que se mira en el espejo, comprende que se adentra en algo peligroso. Su cuerpo es como de "otro", como el del tío Ramón. Le llevará tiempo poder asumir la identidad sexual que está unida a él. "El miedo de reconocer su cuerpo como un cuerpo 'otro' resulta una inminencia que sólo podrá ser asumida en tanto y en cuanto se penetre en la adultez" (Fumis, 2012, p. 1299). Sin embargo, Felipe se siente contento de lo que va descubriendo en sí mismo. En el capítulo "Los bichos raros", se reúnen sus tres modelos y él para hacer un recital de García Lorca. Este fragmento establece el clímax de la identidad de Felipe, porque se explicita que los cuatro personajes que se unen tienen en común ser "raritos", es decir, estar fuera de lo que la norma exige:

> Allí estábamos los cuatro, tío Ramón y la Mary, tía Victoria y yo, los bichos raros de la familia, y seguro que tío Ricardo estaba espiando detrás de las puertas, mientras sus palomas empezaban ya, tan temprano, a dar la murga [...] Era mucho mejor, más divertido y más emocionante, estar con los bichos raros. Así que no tenía que darme vergüenza cuando se me ocurría que de mayor iba a ser un bicho raro, y por eso tampoco tenía que darme lástima el palomo cojo, que a saber dónde estaría, seguro que, haciendo su vida por ahí, la mar de orgulloso por llamarse Visconti. (pp. 211-212)

Los "raritos" o "bichos raros", el palomo cojo y el protagonista se identifican mutuamente en cuanto que a los ojos de la sociedad tienen alguna característica indeseable. Los "raritos" y el protagonista tienen formas de sentir y comportarse que no son aceptadas, mientras que el palomo tiene una herida que le da un aspecto maltrecho. Sin embargo, todos ellos tienen una alegría por vivir que en cierto modo los hace especiales en el mejor de los sentidos. Pese a que el resto de la familia censura esta reunión para celebrar los versos de un poeta que también queda fuera de la norma de la España franquista en la que tiene lugar la acción, Felipe está muy contento de formar parte de ella y, por un momento, no teme las consecuencias de ser rarito. "De mayor yo quería ser como tío Ramón y tía

Victoria, aunque acabase como tío Ricardo" (p. 212). Felipe no teme acabar como otro de sus tíos, que también es "rarito" y lleva una vida aislada y caótica. De este modo, la opresión que ejerce el contexto sobre la identidad homosexual del personaje aparece disimulada, igual que ocurre en otras novelas españolas recientes (Perriam, Forastelli & Olivera, 2013, p. 83). Felipe encuentra un grupo de referencia en el que puede sentirse querido y con el que comparte una forma de sentir, pensar y actuar que le protege parcialmente de las angustias que conlleva la adolescencia.

4. CONCLUSIONES

La construcción de la identidad en la adolescencia es un proceso complejo por los conflictos que surgen con la familia, la incorporación de nuevos modelos, el choque con diversos obstáculos y, en algunos casos, la experiencia de que es un tránsito doloroso. Pablo y Felipe son dos niños que, durante la convalecencia de una enfermedad, dan los primeros pasos hacia la adolescencia y sus primeras experiencias con el deseo sexual resultan decisivas para su identidad. No obstante, hemos visto que el desarrollo y desenlace de ambas historias es muy diferente debido al modo con que se desarrolla la problemática en cada uno de los protagonistas. *La señorita Cora* es narrada mediante la sucesión de los pensamientos de los distintos personajes, que nos informan de sus percepciones y de lo que querrían comunicar a otra persona, pero que no llegan a comunicar. Pablo y Cora anhelan encontrarse, pero no lo consiguen porque sus inseguridades les impiden transmitirlo al otro. En cambio, *El palomo cojo* presenta el problema de una identidad sexual que va en contra de la norma que impone la sociedad. El texto indaga en la indefinible naturaleza de la identidad o, en palabras de Daniela Fumis, trata de "de acercarse a la clave de eso que no se puede aprehender, indecible y, de alguna manera, la indagación sobre lo familiar apuntará a perseguir ese "donde no se está" que constituye el yo en el texto"

(2013, p. 7). En ambos relatos, los protagonistas luchan por alcanzar una identidad en un profundo dolor personal, pero el proceso de formación que experimentan los personajes es muy diferente, porque *La señorita* lleva a la tragedia de la incomunicación, mientras que *El palomo cojo* plantea el drama de ser uno de "los bichos raros", con algunos momentos incluso cómicos. A partir de argumentos próximos y del símbolo de la paloma, este último adquiere por tanto caracteres poéticos muy diferentes en los afectos asociados a esta ave, pero, en cualquier caso, se refiere al ruido constante y la fragilidad de dos personajes que experimentan difusión de la identidad.

REFERENCIAS BIBLIOGRÁFICAS

Amícola, J. (1969). *Sobre Cortázar.* Editorial Escuela.

Bonatto, V. (2013). Narrativas abyectas y subalternas de la memoria. Una lectura de *La hija del caníbal* de Rosa Montero, *El palomo cojo* de Eduardo Mendicutti y *Luna lunera* de Rosa Regàs en el marco de la narrativa española de la memoria en la década del noventa. *Olivar*, *19*(14), 153-180.

Bourdieu, P. (1997). Espíritu de familia. En M. Neufeld, M. Grimberg, S. Tiscornia & S. Wallace (Eds.), *Antropología social y política. Hegemonía y poder: el mundo en movimiento.* Eudeba.

Chacana Arancibia, R. (2010). El fracaso en los hijos en Cortázar: la emancipación imposible. *Anales de Literatura Hispanoamericana*, *39*, 409-428.

Cortázar, J. (2009). *Todos los fuegos el fuego.* Santillana. (Obra original 1966)

Erikson, E. H. (1994). *Identity, Youth and Crisis.* Norton.

Fumis, D. (2012). Ficciones de familia: el cuerpo de la infancia. Notas sobre *El palomo cojo* de Eduardo Mendicutti. *V Congreso Internacional de Letras* (pp. 1296-1300). http://2012.cil.filo.uba.ar/sites/2012.cil.filo.uba.ar/files/0169%20FUMIS,%20DANIELA.pdf

Fumis, D. (2013). Vínculos familiares, zonas disruptivas. Configuraciones fraternales y filiales en *El mundo* de Juan José Millás y *El palomo cojo* de Eduardo Mendicutti. *III Congreso Internacional Cuestiones críticas*. CELA. https://www.cetycli.org/trabajos/fumis_danielacc.pdf

García García, T. (2008). A modalidade narrativa en *La señorita Cora*. En S. Pérez-Abadín Barro (Dir.), *Doutros lados: capítulos sobre os contos de Cortázar*. Toxosoutos, D.L.

González Fernández, R. (1999). La paloma y su simbolismo en la patrología latina. *Antigüedad y Cristianismo, 16*, 189-201.

Jurado Morales, J. (2009). Las ganas de hablar de Eduardo Mendicutti. *Cuadernos Hispanoamericanos, 705*, 73-90.

Mendicutti, E. (2001). *El palomo cojo*. Tusquets. (Obra original 1991)

Mora Valcárcel, C. de (1982). *Teoría y práctica del cuento en los relatos de Cortázar*. Consejo Superior de Investigaciones Científicas.

Paredes, A. (1988). *Abismos de papel: los cuentos de Julio Cortázar*. Universidad Nacional Autónoma de México.

Perretta, G. (2013). La homosexualidad como forma de disidencia en *El palomo cojo* de Eduardo Mendicutti. En M. T. Navarrete & M. Soler (Eds.), *¡Ay, qué triste es toda la humanidad! Literatura, cultura y sociedad española contemporánea*. Aracné editrice.

Perriam, C., Forastelli, F. & Olivera, G. (2013). Una lectura culta, amena y didáctica: lo *middlebrow queer* y la construcción de identidades en la narrativa popular gay en España (1999-2009). *De Signis, 19*, 79-87.

Quintero Marín, M. C. (1981). *La cuentística de Julio Cortázar*. Universidad Complutense de Madrid.

Ruiz, M. J. (2011). 'Palabras de familia': Construcciones y representaciones familiares en el universo de Eduardo Mendicutti. *Acta académica*. http://www.aacademica.org/000-042/14

Santa-Cruz, M. (2009). *Le roman de formation au féminin dans l'Espagne d'après-guerre*. Tesis doctoral de la Universidad de Burdeos.

Sevilla-Vallejo, S. (2010). El diálogo deseante en *La señorita Cora. Congreso Internacional El español y sus culturas. Centro Superior de Investigaciones Científicas/Fundación Pizarro https://www.researchgate.net/publication/216064377_El_dialogo_deseante_en_la_Senorita_Cora_de_Julio_Cortazar*

Sevilla-Vallejo, S. (2019). La identidad doliente de la adolescencia en *La señorita Cora* de Julio Cortázar y en *El palomo cojo* de Eduardo Mendicutti. *Anales de la Literatura Española Contemporánea*, *44*(1), 155-179.

Tamborenea, M. M. (1986). *Julio Cortázar: Todos los fuegos el fuego*. Hachette.

Una reinterpretación lésbica de *Mujercitas*: a propósito de *Las razones de Jo* (2006) de Isabel Franc

YASMINA ROMERO MORALES
Universitat de Lleida, España
yasmina.romero@udl.cat

RESUMEN

Este artículo se propone analizar la reinterpretación lésbica que lleva a cabo la escritora española Isabel Franc del clásico *Mujercitas* (1868-9) de Louisa May Alcott. Antes de analizar su propuesta, nos acercaremos al debate crítico suscitado por la obra *Mujercitas* a la que unos han considerado una novela de propaganda patriarcal y otros una apuesta clara del progresismo feminista. A continuación, nos detendremos en la necesidad que supone para muchas escritoras e intelectuales feministas las reescrituras de los cuentos y obras clásicas de la literatura universal. Finalmente, mediante un enfoque crítico, analizaremos la reinterpretación lésbica de *Mujercitas* en *Las razones de Jo* (2006) de Isabel Franc. El método utilizado para este análisis es filológico y literario, y el marco teórico –característicamente interdisciplinar – corresponde al de una serie de teorías heterogéneas pero vinculadas por coincidir en la deconstrucción del legado recibido. Esto es, los estudios culturales, que favorecen una lectura ideológica de la cultura, la crítica literaria feminista y los estudios de género.

PALABRAS CLAVE: *Isabel Franc, Mujercitas, reinterpretación lésbica, crítica literaria feminista.*

ABSTRACT

This article proposes to analyse Spanish writer Isabel Franc's lesbian reinterpretation of Louisa May Alcott's classic *Little Women* (1868-9). Before analysing her proposal, we will approach the critical debate aroused by Little Women, which some have considered a novel of patriarchal propaganda and others a clear commitment to feminist progressivism. We will then examine the need for many feminist writers and intellectuals to rewrite classic stories and works of world literature. Finally, using a critical approach, we will analyse the lesbian reinterpretation of Little Women in Isabel Franc's *Las razones de Jo* (2006). The method used for this analysis is philological and literary, and the theoretical framework –characteristically interdisciplinary– corresponds to that of a series of heterogeneous but linked theories that coincide in the deconstruction of the received legacy. That is, cultural studies, which favours an ideological reading of culture, feminist literary criticism and gender studies.

KEYWORDS: *Isabel Franc, Little Women, lesbian reinterpretation, feminist literary criticism.*

1. INTRODUCCIÓN

Mujercitas —en inglés *Little Women*— se publicó el 30 de septiembre de 1868 y está basada en gran parte en las propias vivencias de su autora, Louisa May Alcott (1832-1888), en Concord, Massachusetts, un pueblo situado a unos 32 kilómetros de Boston. La historia narra el paso de la infancia a la edad adulta de cuatro hermanas, Meg, Jo, Beth y Amy, con la Guerra de Secesión de los Estados Unidos de fondo. El éxito de la novela fue tal que, un año después, en 1869, y por petición expresa de sus propios lectores que no dejaban de enviarle cartas, la autora tuvo que publicar una segunda parte, *Aquellas mujercitas* —en inglés, *Good Wives*—, (López Rodríguez, 2000, p. 95; Showalter, 2016, p. 15; Llompart Pons, 2016, p. 63; Boyd Rioux, 2018, p. 35). El público lector demandaba saber qué había pasado con la vida de las cuatro niñas ya mujeres: "la curiosidad por saber cómo va a terminar *Mujercitas* se ha convertido en una epidemia" recogía un periódico del momento (apud Clark, 2004, p. 69). La trama de esta secuela transcurre cuatro años después de terminada la primera *Mujercitas* y se detiene en las dificultades de las muchachas durante su vida adulta. En la actualidad, y en España, estas dos partes se publican en un único volumen[1] pero en algunos países, como Inglaterra, por ejemplo, se opta por editarlas por separado. Por tanto, en estas páginas cuando hablamos de *Mujercitas* nos referimos al volumen que une las dos novelas originales.

La novela de Alcott no ha dejado de publicarse desde entonces[2], se ha traducido a más de cincuenta idiomas —en inglés hay unas cien ediciones y en otras lenguas alrededor de doscientas, se calcula que ha vendido aproximadamente diez millones de copias y es reconocida de modo unánime como un clásico (Boyd Rioux, 2018, pp. 113 y 115). Asegura Irene Vallejo que un "clásico supera los límites temporales, retiene un significado para las épocas venideras, vive" (2020, p. 190). Y es que, después de todo, de entre los libros estadounidenses escritos por una mujer, probablemente, *Mujercitas* sea el que más haya vivido, el de mayor influencia literaria[3].

---

[1] Hubo otras continuaciones como *Hombrecitos* (1871) (en inglés, *Little Men*) o *Los muchachos de Jo* (1886) (en inglés, *Jo's Boys, and How They Turned Out*) que muestran la vida de los hijos y los sobrinos de las primeras protagonistas.

[2] Las primeras traducciones y publicaciones de *Mujercitas* en España son de la editorial Juventud y datan de 1933 y 1934. Ahora bien, investigaciones recientes han considerado que estos textos eran adaptaciones y no traducciones del original de Alcott. El mercado editorial español esperó a 1948 para una primera traducción, más de sesenta años después de la edición en inglés. (Hernández Socas y Giugliano, 2019, p. 149)

[3] Le siguen especialmente de cerca *La cabaña del Tío Tom* (1852) y *Lo que*

El homenaje a modo de adaptación o reescritura de *Mujercitas* ha sido constante. Mención aparte merecerían también las múltiples alusiones a la obra en otros productos culturales que lo han convertido en un fenómeno atemporal[4]. Se calcula que se han publicado más de cincuenta historias derivadas de las protagonistas de *Mujercitas*, así como las secuelas, precuelas o versiones interpretadas desde los horizontes culturales del presente (Boyd Rioux, 2018, p. 184). En 1982 Joyce Carol Oates publicó *Las hermanas Zinn*, su versión paródica del clásico por el que ha admitido sentir siempre gran admiración. En 2005, Geraldine Brooks publicó *March*, una novela que cuenta la historia de las famosas hermanas de Alcott, pero desde el punto de vista del padre ausente. La autora llegó a obtener por esta obra el Pulitzer en la categoría de ficción. En 2011, Gabrielle Donnelly publicó *The Little Women Letters*, ambientada en un Londres contemporáneo; esta novela tiene como protagonistas a las tataranietas de Jo que encuentran cartas de esta en el desván de la casa de su infancia. En 2016, Nadiya Hussain publica la que se conoce como la versión musulmana de *Mujercitas*, *The Secret Lives of the Amir Sisters* y, así, podríamos continuar con un largo etcétera de versiones y adaptaciones dignas todas ellas de un estudio en detalle.

En español también podemos encontrar tributos en forma de reescrituras. Algunos de ellos, por orden cronológico: *Hasta siempre, mujercitas* (2004) de Marcela Serrano que centra su versión en la vida

---

el viento se llevó (1936) pero no han tenido un impacto tan continuado en el tiempo (Boyd Rioux, 2018, p. 165). De hecho, al poco de morir Alcott, los préstamos en las bibliotecas públicas norteamericanas de *Mujercitas* únicamente eran superados por los de Charles Dickens. En 1992 fue catalogada por la *Women's National Book Association* como una de las setenta y cinco obras escritas por mujeres cuyas palabras habían cambiado el mundo (López Rodríguez, 2000, p. 95).

[4] De factura reciente, por ejemplo, *La amiga estupenda* (2011) de Elena Ferrante, donde las dos niñas protagonistas que crecen en el Nápoles de los años cincuenta se juntan todos los días durante meses para leer *Mujercitas* "tantas veces que el libro se empezó a hacer jirones y a ensuciar con el roce de las manos; perdió el lomo, se descosió, y hasta se le salieron las hojas. Sin embargo, era nuestro libro [...] lo queríamos con todo el corazón" (2012, p. 72).

de cuatro mujeres chilenas unidas por su parentesco familiar y por sus experiencias personales[5]. *Las razones de Jo* (2006) de Isabel Franc, novela en la que se detendrán las próximas páginas y que presenta una historia que fantasea con una explicación diferente para la decisión tomada por la más mítica de las hermanas March, esto es, su matrimonio con el profesor Bhaer; o, por poner otro ejemplo más, *El huerto de las Mujercitas* (2019) de la escritora argentina Gloria V. Casañas, que funde la trama de las hermanas March con la vida de la propia Alcott.

Este artículo se propone analizar *Las razones de Jo*, la reinterpretación lésbica y abiertamente feminista que lleva a cabo la escritora española Isabel Franc (1955) del clásico *Mujercitas* (1868-9) de Louisa May Alcott. Franc es una escritora española reconocida dentro del ámbito literario lésbico (Corbalán Vélez 2010, p. 162). Bajo el seudónimo Lola Van Guardia es la autora de la célebre trilogía editada por Egales que incluye *Con Pedigree* (1997), *Plumas de doble filo* (1999) y *La maldición de las tríbadas* (2002). Antes de analizar su propuesta, nos acercaremos al debate crítico suscitado por la obra *Mujercitas* a la que unos han considerado una novela de propaganda patriarcal y otros, por el contrario, una apuesta clara del progresismo feminista. A continuación, nos detendremos en la necesidad que supone para muchas escritoras e intelectuales feministas las reescrituras de los cuentos y obras clásicas de la literatura universal. Finalmente, mediante un enfoque crítico, analizaremos la reinterpretación lésbica de *Mujercitas* en *Las razones de Jo* de Isabel Franc. El método utilizado para este análisis es filológico y literario, y el marco teórico –característicamente interdisciplinar– corresponde al de una serie de teorías heterogéneas, aunque vinculadas, por coincidir en la deconstrucción del legado recibido. Esto es, los estudios culturales, que favorecen una lectura ideológica de la cultura, la crítica literaria feminista y los estudios de género.

---

[5] Resulta interesante el trabajo de Portocarrero, M. (2010). "*Mujercitas: de Alcott a Serrano,* una nueva visión femenina de la mujer latinoamericana" In *Hispanic Journal*, 31, 1, 115-130.

2. *MUJERCITAS* DE LOUISA MAY ALCOTT: ¿PROPAGANDA PATRIARCAL O PROGRESISMO PREFEMINISTA?

Mujercitas de Louisa May Alcott es una novela de formación, de aprendizaje, una novela que comparte muchas de sus características con lo que el filólogo Karl Morgenstern denominó, en 1819, *bildungsroman*. Un género literario que retrata la transición de la niñez a la vida adulta, pero al tiempo, que fomenta las virtudes que se consideraban indispensables.

Las interpretaciones sobre esta obra no han sido unánimes[6]. Por un lado, tradicionalmente se ha etiquetado a *Mujercitas* como una novela sentimental, romántica, de carácter juvenil, pensada para un público adolescente y femenino. Por otro, una obra protofeminista, donde se proponía como posible un matriarcado en plena sociedad patriarcal de finales del s. XIX. Y decimos protofeminista, y no feminista, en la medida en que *Mujercitas* no propone un proyecto de transformación social y política, sino que su pormenorizado retrato de la sociedad del momento, donde la mujer se encontraba social, legal y económicamente en dependencia directa del hombre con una legislación que seguía siendo casi la misma desde la época colonial, hace que entendamos la necesidad de llevar a cabo ese necesario proyecto de transformación social.

Por otro lado, la crítica literaria más dura la consideró —y, por tanto, la menospreció— como literatura para niñas, popular y por serlo, además de baja calidad[7]. Algo que no sucedió, el ejemplo es elocuente, con otro libro casi coetáneo al de Alcott como el de

[6] Anne Boyd Rioux, consciente de que nunca ha habido un acuerdo sobre cómo leer o qué pensar acerca de *Mujercitas*, le dedica un capítulo en exclusiva a este debate en Boyd Rioux, A. (2018). "Un libro que divide aguas: Leer Mujercitas". *El legado de Mujercitas. Construcción de un clásico en disputa.* Ampersand, 193-224.

[7] La asociación despectiva de la cultura popular con lo femenino y por femenino, de baja calidad, ha sido estudiada en profundidad en Clúa, I. (2008). "¿Tiene género la cultura? Los estudios culturales y la teoría feminista". *Género y cultura popular*. Barcelona: Universitat Autònoma de Barcelona, 11-34.

Mark Twain, *Las aventuras de Huckleberry Finn* (1884), también pensado para niños y de marcado carácter popular. La razón de fondo, qué duda cabe, es que *Mujercitas* había sido escrito por una mujer y que, por si fuera poco, hablaba sobre otras mujeres, lo que vino a cuestionar ya del todo su valor literario en una clara estrategia para acabar con la escritura de las mujeres como ha denunciado Joanna Russ (2018).

Pero ¿era *Mujercitas* literatura infantil? La verdad es que la versión que se difundió en un principio, tanto en Estados Unidos como en Europa, no fue la original de 1868 que escribiera Alcott, sino una censurada y muy edulcorada (Showalter, 2016, p. 18). En opinión de Debbie Woodroofe, ocultar o modificar datos es una forma de reprobar determinadas posturas u opiniones (1971, pp. 21-42), por lo que adecuar la novela a las expectativas de la editorial que no quería publicar nada escandaloso fue también un modo de anular su progresismo y empalidecer su espíritu revolucionario. De ello resulta que generaciones y generaciones vieran crecer a Jo, Meg, Amy y Beth a través de grandes dosis de buenismo y moralina[8]. Desafortunadamente, no fue hasta 2004 que se pudo leer en castellano una edición completa sin purgas, basada en el texto íntegro de la primera edición de 1868, gracias a la traducción de Gloria Méndez Seijido. Pero es que, además, la segunda parte de 1869 difería bastante en el tono de la anterior y era un libro mucho más maduro, por lo que costó sobremanera a la crítica del momento identificar "si podía considerarse un libro infantil" y la situó, como señaló el *Boston Post*, en "ese reino de la ficción que linda entre lo que entretiene a los jóvenes y lo que interesa a los adultos" (apud Boyd Rioux, 2018, p. 85).

---

[8] No obstante, a diferencia de otras obras de carácter moralizante de la época, cuando Alcott emite algún tipo de discurso en esta línea lo pone en boca de Marmee o de alguna de las hermanas y nunca en voz del narrador. Esto es algo que algunas voces investigadoras, como Boyd Rioux, han visto especialmente revolucionario, en la medida que no era habitual un narrador que hablara directamente a su lectorado sin corregirlo ni sermonearlo (2018, p. 81).

Por tanto, *Mujercitas* fue una narración sometida a las limitaciones de su tiempo, que le otorgaron una suerte de halo de superficialidad folletinesca que hizo que fuera considerada popular y de baja calidad; además, fue un encargo y llegó purgada por la propia autora, aunque a petición de la editorial, para elaborar un producto más almibarado que encajara con el público potencial para el que estaba pensado. Así, cualquiera que fuera su propuesta reformista o su protofeminismo se mostró sutil, algo que no sucede en otras obras de Alcott firmadas bajo seudónimo (López Rodríguez, 2000, p. 9)[9]. Con todo, que en *Mujercitas* los valores progresistas de la autora se mostraran con suavidad no significa que no estuvieran ni que hoy en día se deban desestimar. De hecho, la mayoría de los y las investigadoras de la obra de Alcott encuentran que ambas posturas tienen algo de cierto, o sea, las que consideran *Mujercitas* valedora de un progresismo prefeminista, un testimonio literario en favor de la igualdad de la mujer y que por supuesto supera airosa el test de Bechdel[10]; pero también las que ven en ella un cuento juvenil con moraleja e, incluso, un texto de clara propaganda patriarcal. Está claro que todo depende de la parte de la historia a la que se preste mayor atención, incluso depende también de la traducción que leamos, en la medida que muchas de ellas eliminaron los pun-

---

[9] Estas historias eran a veces truculentas, muchas veces góticas, y con personajes poco adecuados para la época, de aquellos que habitaban los márgenes de la sociedad. En este tipo de textos, especialmente mordaces y considerados impropios de y para una dama del momento, la autora recurrió a diferentes seudónimos y, también, a publicar de manera anónima. Una alternancia con su nombre real que se mantendría el resto de su vida (López Rodríguez, 2010, p. 186) y que no se descubriría hasta entrada la década de los 40, gracias al trabajo de Leona Rostenberg "Some Anonymous and Pseudonymous Thrillers of Louisa May Alcott" publicado en *Papers of the Bibliographical Society of America*, nº37.

[10] El test de Bechdel es una técnica que data de 1985 y que se utiliza para calcular la brecha de género en las películas y, por extensión, también se utiliza en otros productos culturales análogos. Esta prueba se basa en tres preceptos: que aparezcan al menos dos personajes femeninos con nombre, que estos personajes hablen entre ellas y que hablen sobre algo diferente a un hombre.

tos más reformistas y se dio empaque a la parte romántica. Como quiera que sea, en el caso de esta obra, y como ha señalado Boyd Rioux, "no hay respuestas sencillas" (2018, p. 218).

Pero la razón más determinante para catalogarla como una novela sentimental y romántica para niñas adolescentes es porque lo escribió una mujer (Boyd Rioux, 2018, p. 199). Asegura Deborah Weisgall que "la mezcla de autobiografía e invención ha llevado a *Mujercitas* a ser un modelo perdurable de historias de mujeres, pero pocas veces se lo considera [por ello] verdadera literatura" (2012). El canon literario estadounidense, al igual que el resto de los cánones literarios conocidos y hegemónicos, ha dejado fuera la experiencia literaria femenina[11]. Un ejemplo paradigmático que atañó a Louisa May Alcott fue la publicación *American Renaissance: Art and Expression in the Age of Emerson and Whitman* (1914) de Francis Otto Matthiessen. Este profesor de Harvard limitó la literatura estadounidense del siglo XIX a Emerson, Thoreau, Hawthorne, Melville y Whitman. Cinco autores y los cinco hombres. Dejaba fuera a cualquier escritora, entre ellas a Alcott que, con *Mujercitas*, al margen de cualquier otra consideración sobre su contenido, había hecho un excelente retrato de la sociedad norteamericana de finales del siglo XIX. Una suerte de Pérez Galdós, pero en lengua inglesa, que había legado unos personajes tan realistas que las lectoras se sentían rápidamente identificadas. Sigue sucediendo hoy en día. En 2018, Eduardo Lago, considerado uno de los mayores expertos en literatura estadounidense del ámbito hispano, publica *Walt Whitman ya no vive aquí. Ensayos sobre literatura norteamericana*. El volumen se presenta como un recorrido por la literatura norteamericana desde sus inicios y hasta la actualidad y se autodenomina "una cartografía esencial" por traer a la pa-

[11] Para analizar en detalle cómo el canon literario estadounidense ha dejado fuera la experiencia femenina, véase Boyd Rioux, A. (2004). *Writing for Immortality: Women and the Emergence of High Literary Culture in* America. Johns Hopkins University Press, 241-6.

lestra a más de sesenta autores y autoras entre los que, nuevamente, ni siquiera se menciona a Louisa May Alcott.

Por el contrario, estudios revisionistas desde la crítica literaria feminista han considerado, tras el descubrimiento de su legado escondido durante años bajo seudónimo (López Rodríguez, 2010, p. 194), que la obra de Alcott ofrece modelos alternativos a las mujeres y que sus personajes femeninos proponen una suerte de resistencia feminista[12]. Pensemos, por ejemplo, en la reivindicación que hace la autora en *Mujercitas* de una habitación propia y una autonomía económica para la mujer escritora. Se adelantó en más de sesenta años a *Una habitación propia* (1929) de Virginia Woolf. Además, son cuatro mujeres que viven bajo el dominio de una sociedad masculina, un yugo patriarcal —que hoy en día en determinados contextos sigue siendo necesario transgredir—que hace que la novela siga de plena vigencia incluso 150 años después de su publicación. Para muchas, ya en plena cuarta ola del feminismo, todavía se sigue luchando por la igualdad entre mujeres y hombres, todavía se sigue combatiendo la discriminación y la violencia hacia la mujer en cualquiera de sus formas[13]. Así que, una ficción en la que se defienda que las mujeres tienen y deben ocupar el espacio público, conquistar las que quieran que sean sus metas profesionales y tener opciones vitales diferentes al matrimonio y a la maternidad, no parece estar muy alejada de parte de la actual agenda feminista. Por todo ello, *Mujercitas* no solo no es una obra caduca,

---

[12] El trabajo *Little Women and the Feminist Imagination. Criticism, Controversy, Personal Essays* (1999) de Janice Alberghene y Beverly Lyon Clark ofrece una panorámica excelente de estas primeras críticas feministas sobre *Mujercitas*.

[13] La cuarta ola suele situarse en 2010 y la componen principalmente *millenials* (esto es, mujeres que alcanzaron la mayoría de edad alrededor del 2000) y la "generación z" (aquellas nacidas entre mediados de la década de los 90 y mediados del 2000). Son mujeres, en su mayoría, educadas en el feminismo, herederas y beneficiarias de la segunda y la tercera olas y que utilizan internet para visibilizar la agenda feminista. En España se suele situar este inicio de la cuarta ola en 2013, fecha de la exitosa manifestación conocida como "El tren de la libertad".

sino que, admitámoslo, se encuentra todavía en muchos de sus aspectos de plena actualidad. Además, y como ha advertido Boyd Rioux, "los libros sobre los que no logramos ponemos de acuerdo duran más, en especial si las discusiones que generan todavía son relevantes. Ciertamente es el caso de *Mujercitas*" (2018, p. 194).

Probablemente, esta condición progresista y prefeminista de *Mujercitas* sea una consecuencia directa de la vida de la propia autora. Su madre, Abigail May Alcott (1800-1877) era de ideas liberales e inculcó en sus hijas la necesidad de tener una fuente de ingresos propia que no las obligara a aceptar el matrimonio como único modo de sobrevivir. Su padre, Amos Bronson Alcott (1799-1888), también de ideas liberales, fomentó el espíritu libre de sus hijas. Además, tenía relación cercana con figuras de la talla de Ralph Waldo Emerson, Henry David Thoreau, Nathaniel Hawthorne o Margaret Fuller[14], lo que hizo que la autora y sus hermanas crecieran rodeadas "por la élite cultural de Nueva Inglaterra" (López Rodríguez, 2010, p. 183) y, sobre todo, rodeadas de la biblioteca de Emerson que, para su suerte, vivía en una casa cercana. Una vez adulta, defendería su derecho a una existencia autónoma y mostraría un gran compromiso político por los derechos de las demás mujeres[15]. Y esto se refleja en *Mujercitas*, una

---

[14] Remito el apartado que le dedica López Rodríguez a la relación entre Alcott y Fuller, a la que consideraba "su ídolo femenino, el modelo a seguir, no solo por los paralelismos existentes en sus vidas, sino también porque Alcott pensaba que había sabido aunar la defensa de los derechos de la mujer con la defensa del concepto de individualidad que implicaba que la mujer podía existir independientemente de tener o no un padre, un marido o hermanos que cuidaran de ella y que decidieran por ella" (2000, p. 34). López Rodríguez, M. (2000). Margaret Fuller. En *Louisa May Alcott, la feminista oculta tras los convencionalismos*, 34-41.

[15] Louisa May Alcott fue integrante del Club de Mujeres de Nueva Inglaterra y de la Asociación Americana de Mujeres Sufragistas de Massachusetts. Hablaba abiertamente del tema, participaba en reuniones y congresos, firmaba peticiones, ofrecía cartas de aprobación y colaboró con otras muchas mujeres feministas apoyando sus propuestas de múltiples maneras, también económicamente (López Rodríguez, 2000, p. 45). De hecho, fue la primera mujer registrada para votar en Concord, después de la

trama donde prácticamente desaparecen los personajes masculinos —sobre todo el cabeza de familia—, el centro de la historia son las hijas y su madre, son ellas las que trabajan y son ellas las que traen el dinero a casa. Y en el contexto sociohistórico en el que esta historia se gestó, donde la mujer no tenía identidad legal por ella misma, sino que dependía de su padre hasta que en la edad adulta lo hiciera de su marido, era algo completamente revolucionario[16].

Alcott hace críticas al *statu quo* de la mujer fuera del hogar, pero también dentro. Vemos durante páginas y páginas la incomodidad de las hermanas March ante las tareas domésticas que se les suponen propias y no quieren realizar y que, por el contrario, sienten verdadero placer por la literatura. Asegura Matteson que resulta imposible pensar en una obra ideada para un público juvenil que contenga mayor variedad de alusiones a libros y a autores que esta. Se cita a Dickens, Walter Scott, Harriet Beecher Stowe o Shakespeare: "no sería raro que a una niña que leyese *Mujercitas* le entrase curiosidad por saber de qué hablaban esos autores a los que Jo admiraba" (Matteson, 2018, p. XVIII). De esta manera fue como Alcott pensó su obra como una forma de despertar la curiosidad lectora de sus seguidoras, unas jovencitas que, desde el punto de vista educativo, recibían en el mejor de los casos una formación mínima, que estaba pensada únicamente para mantenerlas ocupadas hasta la edad de contraer matrimonio.

---

conquista del voto femenino (López Rodríguez, 2000, p. 48; Matteson, 2018, p. LXX; Boyd Rioux, 2018, p. 206). Remito al apartado que le dedica López Rodríguez a su implicación, defensa y militancia en pro de los derechos de las mujeres, López Rodríguez, M. (2000). "Los derechos de la mujer en la biografía de Louisa May Alcott". *Louisa May Alcott, la feminista oculta tras los convencionalismos*, 43-51.

[16] Revolucionario incluso en la literatura, asegura Berg-Ehlers que "mientras que en Alemania las heroínas de los libros para jovencitas añoraban el matrimonio, los hijos y la cocina, sus coetáneas (literarias) en Norteamérica estaban más adelantadas, pues proyectaban tomar en sus manos las riendas de su destino, ejercer su profesión y llevar en la medida de lo posible una vida auto responsable. La que mejor lo logró, tanto en el ámbito literario como en el real, fue Louisa May Alcott" (2018, p. 17).

Pero, sobre todo, lo más subversivo de la obra es el rebelde personaje de Jo, la aspirante a escritora y *alter ego* de la autora[17], un personaje en el que encontramos un temprano cuestionamiento de los roles de género. Hoy en día, buscamos a personajes femeninos fuertes que nos sirvan de referente y aquí tenemos uno de hace más de 150 años. Jo no quiere casarse, no quiere ser madre, tiene proyectos profesionales en la vida, quiere ser escritora, ganarse la vida con ello y también viajar, conocer el mundo e, incluso, ir a la universidad. Es inteligente, generosa, indomable y, en ausencia de su padre, vela por su familia.

Quizá por todo lo anterior, son muchas las intelectuales que se sintieron atraídas por esta obra en su adolescencia, un hecho que la consolida como un texto fundacional en la historia de la literatura escrita por mujeres. Las enumera y detalla de qué manera influyó la obra en ellas la profesora de la Universidad de Nueva Orlears, Anne Boyd Rioux en su ensayo *El legado de Mujercitas* (2018). Entre muchas, cita a Christine King Farris, Hillary Clinton, J. K. Rowling, Emma Donoghue o Caitlin Moran (2018, p. 15); también a algunos hombres como a Theodore Roosevelt, Rudyard Kipling o William Lyon Phelps (2018, p. 238). Veamos, por ejemplo, lo que admite una filósofa feminista de la talla de Simone de Beauvoir:

> Hay un libro en el que creí ver reflejado mi futuro: *Mujercitas*, de Louise May Alcott… Yo quería a toda costa ser Jo, la intelectual. Compartía con ella el rechazo a las tareas domésticas y el amor por los libros. Jo escribía, y para imitarla empecé mis primeros cuentos cortos. (1967, p. 47)

Hay que reconocer que, contrariamente a lo que se ha expresado, Alcott no logró continuar la resistencia de Jo ante los mandatos de género en su adolescencia y, con la llegada de la edad adulta de su heroína, termina haciéndola sucumbir a la femineidad convencional

---

[17] Señala Anne Boyd Rioux que a Alcott le gustaba incluso llamarse a sí misma Jo (2018, p. 41).

de la época. Suponemos que no fue fácil lidiar en un contexto tan adverso para las mujeres como el que le tocó vivir, en el que el hombre de la casa ya fuera este el padre, el marido o el hermano, era el que tenía derecho a decidir si una mujer podía trabajar o no fuera del ámbito doméstico. Y si se lo permitía, podía quedarse hasta con su sueldo y controlar sus ingresos y propiedades, así como no compartir la custodia de los hijos e hijas, de haberlos, y de exigirle los denominados "derechos conyugales" si era su esposa. No debió de ser fácil oponerse a la inercia patriarcal de un libro para jovencitas y por encargo del que ya hemos señalado le pidieron que eliminara ciertas partes. Algunas críticas literarias y escritoras feministas han llegado a suponer, incluso, que quizá lo que Alcott buscó en Jo fue que aceptara el rol que para ella misma había rechazado (Wells, 2000). Así que, sea como fuere, Alcott le otorga un final realista para la época: Jo se casa, aunque no con el protagonista masculino esperado, sino con el profesor Bhaer, deja de escribir y monta una escuela, en un principio, solo para varones y donde ella ni siquiera es docente[18].

Ante la desazón que supuso esta decisión literaria de Alcott para su icónica Jo, escritoras feministas como Isabel Franc decidieron darle otra explicación a la decisión final de la joven de casarse con el profesor Bhaer. Sin embargo, antes de analizar esta propuesta nos detendremos brevemente y, a modo de panorámica, en la necesidad de estas y otras reescrituras feministas de cuentos y obras clásicas legadas por la literatura universal.

3. LAS REESCRITURAS FEMINISTAS ENTRE LA NECESIDAD Y LA APROPIACIÓN: ¿POR QUÉ REESCRIBIR *MUJERCITAS*?

La ficción es el arte de imaginar qué habría podido ocurrir, posibilidades cuánticas de las mismas o de diferentes historias. Escri-

[18] En las secuelas, *Hombrecitos* (1871) y *Los muchachos de Jo* (1886), sin embargo, Alcott recupera en parte a la *vieja* Jo: vuelve a escribir, su escuela pasa a ser mixta y protagoniza discusiones sobre los prejuicios sexistas de la época.

tores y escritoras escogen una dirección para sus fantasías, las fijan en el papel y el lectorado acompaña a sus personajes en esa travesía pautada, una suerte de viaje organizado a través de los episodios de la trama, donde todo está determinado por su autor. Cual demiurgo, él decide quién es el protagonista, qué vivirá, qué experimentará y qué lo motivará a hacer lo que quiera que haga. El resto de los caminos y decisiones son posibilidades que nunca fueron. Ahí es donde entran en juego las secuelas, precuelas y, sobre todo, las reescrituras o *reboots*[19]. Nuevas versiones con nuevas plumas que escogen caminos diferentes para historias ya contadas. Una suerte de reinicio de la historia original, conservando la información esencial de los hechos, pero añadiendo nuevos sucesos o desviaciones de la trama principal: "el *reboot* es un producto nuevo" afirma Proctor "aunque al mismo tiempo ya es viejo" (2012b, s/p).

Son muchas los *reboots* o reescrituras feministas que se han hecho, por ejemplo, de los cuentos clásicos transcritos, preservados y legados por Charles Perrault, los Hermanos Grimm o Hans Christian Andersen. Estas nuevas versiones intentan contrarrestar la inmensa cantidad de protagonistas huérfanas, maltratadas por sus madres, madrastras, hermanas, hermanastras, brujas o reinas que han cristalizado en el inconsciente colectivo, permeando absolutamente todo lo que vemos y leemos hoy. También intentan oponer resistencia aquellas muchas jóvenes de los cuentos que han sido acosadas sexualmente por sus padres o hermanos. O las niñas que han muerto de hambre y de frío en la nieve sin que nadie hiciera nada por ayudarlas. Brujas, reinas y hasta hadas que castigaron territorios enteros porque estaban celosas o porque no se las había invitado a una fiesta. Jóvenes narcolépticas violadas o abusadas por príncipes y caballeros. Otras más que fueron asesinadas por curiosas y, así, un largo etcétera,[20] que hace que

[19] Recientemente se habla de *reboot*, una categoría que alude a la acción de reiniciar un ordenador con el propósito de solventar un error hallado en la unidad (Proctor, 2012a).

[20] Hay que tener en cuenta que la mayoría de estas historias no nacieron como

lamentemos que los personajes literarios no cuenten con la facultad de la protesta puesto que:

> Se rebelaron las sufragistas, se rebelaron las esclavas afroamericanas, se han rebelado hasta las admirables abuelas de la Plaza de Mayo; pero las mujeres de papel no se amotinan. Sería divertido ver a las Antígonas, Medeas, Clitemnestras, Julietas, Desdémonas y compañía, alineadas tras la pancarta: "La literatura universal no nos representa". (Cabré, 2013, p. 100)

Sin embargo, por ellas, y en su nombre, sí se han rebelado algunas escritoras y han propuesto nuevas versiones de los viejos cuentos, como ha sido el caso de Ángela Carter, Margaret Atwood o la española Cristina Fernández Cubas. Se cansaron de ver a las mujeres de las historias cometer siempre los mismos errores como si estuvieran condenadas de manera eterna a "morder la manzana, entrar en la habitación prohibida, perderse en el bosque, pincharse con el huso" (Llurba, 2021, p. 42). Son muchas ahora las escritoras que rompen con ese bucle de predestinación y proponen nuevos caminos y derivas para las mujeres de los cuentos y de las historias clásicas (Cashdan, 2017, p. 262). Y es que hay que tener en cuenta que no solo se revisan, leen y reescriben los cuentos de hadas y los cuentos populares de siempre, sino también el resto de los clásicos universales como *Mujercitas*. El fenómeno de las reescrituras, y sobre todo las de índole feminista, que perturban la lectura canónica del original, es abundante y podemos encontrar múltiples ejemplos que, sin lugar a duda, son precedentes directos de propuestas como la de Isabel Franc. Nos referimos a obras como *Ancho mar de los*

---

entretenimiento infantil, sino para reuniones sociales de personas adultas. De ahí que se recurriera a menudo a la violación, al exhibicionismo o al voyerismo como reclamo morboso (Cashdan, 2017, p. 22). A partir del siglo XIX estas historias pasan a formar parte de la literatura infantil y ya en el siglo XX, por Disney y sus adaptaciones cinematográficas, sus tramas llegan al gran público bastante edulcoradas. Pero incluso estas domesticaciones son lo que son y no suponen un ideal de igualdad, respeto ni justicia social.

Sargazos (1966) de Jean Rhys, reescritura de *Jane Eyre* (1847) de Charlotte Brontë, o *La señora de Winter* (1993) de Susan Hill, que continúa la *Rebeca* (1938) de Daphne du Maurier.

De todas maneras, conviene tener en cuenta que *Las razones de Jo* de Isabel Franc no es una novela que haya nacido de la necesidad de combatir la misoginia o con el propósito de neutralizar el machismo de la obra de Alcott. Al contrario, supone un salto adelante en una estructura narrativa más compleja que no transforma la historia primigenia, sino que se sirve del relato original como de "un disparador, un estímulo" (Llurba, 2021, p. 52) que la lleva a ahondar en algunos de los elementos ya encontrados en *Mujercitas* y en su heroína. Su novela amplifica estos puntos, y, como si de una caja de resonancia se tratara, subraya algunas líneas argumentales, crea nuevos diálogos y propone una serie de posibilidades que darían un sentido diferente a las decisiones tomadas por la protagonista de la obra de Alcott, sobre todo en lo concerniente a aquellas relacionadas con su decisión final de contraer matrimonio con el profesor Bhaer. Siguiendo la tipificación propuesta por Ana Díaz-Plaja nos encontraríamos, por tanto, ante una reescritura de tipo expansivo, en la medida en que expande las posibilidades temáticas de la trama y narra partes que en la novela original no fueron explicadas (2002, pp. 166-169). De esta manera, Franc demuestra que el clásico de Alcott sigue vivo y, al mismo tiempo, consigue sumar una protagonista femenina más a las aparecidas en los últimos años, que no solo no son rescatadas por príncipes en sus historias, sino que, en ocasiones, ni siquiera es necesario que estos existan (Cashdan, 2017, p. 262).

4. LA REESCRITURA LÉSBICA DE ISABEL FRANC: *LAS RAZONES DE JO* (2006)

¿Qué aporta la reescritura lésbica de Isabel Franc? En el cine, por ejemplo, se recurre a las adaptaciones de los clásicos, principalmente, porque es una manera de minimizar los riesgos económicos, y es que se sabe que son historias que funcionan[21]. Sin embargo, no es el caso de la novela de Franc, *Mujercitas* ya no es un reclamo literario; con el paso del tiempo, por los cambios sociales que han alterado en buena medida el mensaje y por la prejuiciosa catalogación a la que nos referimos con anterioridad, ha dejado de leerse[22].

En el caso de *Las razones de Jo* tenemos dos motivos principales para esta vuelta de tuerca del personaje más icónico de Alcott. En primer lugar, algo que comparte con el resto de las reescrituras de *Mujercitas*: la necesidad de abundar en la escasa genealogía de mujeres. Sobre todo, de una genealogía de mujeres empoderadas, que sirvan de referente a las demás, por lo que muchas veces se vuelve repetidamente a las historias ya conocidas. Un ejercicio que no exige sorpresa y que se vale de la fuerza del reencuentro y del reconocimiento de aquellos textos que ayudaron a construir la propia subjetividad femenina de una o varias generaciones. En este sentido, son muchas las escritoras españolas que admiten que esto les sucedió con la Jo de Alcott (*El Periódico*, 2019). La propia Isabel Franc recoge repetidas veces en su obra la necesidad de una genealogía, por ejemplo, cuando explica por qué en su recreación del Club Pickwick se vestían como los

---

[21] Quizá esta ha sido la razón por la que *Mujercitas* se ha llevado tanto al cine: la última vez en 2019 dirigida por Greta Gerwig; la primera en 1933 dirigida por George Cukor y con Katherine Hepburn como Jo, aunque hubo otras mudas de 1917 y 1918 de las que se no guardan registros físicos; le siguió la de 1949 de Mervyn LeRoy y Elizabeth Taylor en el elenco protagonista; luego en 1994 la de Gillian Armstrong y con Winona Ryder como Jo. Pero no solo se queda en adaptaciones cinematográficas, también hay varias series de televisión, telenovelas, una ópera, algunas versiones teatrales, un musical y hasta series de animación. Para profundizar en estas adaptaciones de *Mujercitas* para radio, cine y televisión, véase Boyd Rioux, Anne (2018). "¡Véanla en acción… La inmortal Jo!: *Mujercitas* en el teatro y el cine". *El legado de Mujercitas. Construcción de un clásico en disputa*. España: Ampersand, 119-163.

[22] Sobre la situación del clásico de Alcott desde el punto de vista del lectorado, consúltese Boyd Rioux, A. (2018). "Un libro para que las niñas lean en privado: ¿Los varones pueden leer *Mujercitas?*" *El legado de Mujercitas. Construcción de un clásico en disputa*. Ampersand, 227-253.

hombres de la época, con gorras, sombreros de copa, chalecos y americanas de lana. Después de todo,

> Resultaba imposible imaginar un Club Pickwick femenino. No conocíamos periodistas ni aventureras. No sabíamos de mujeres que recorrieran ventas y pararan en posadas. Hasta en la ficción teníamos que disfrazarnos de hombres para salir del reducido territorio del hogar al que las mujeres parecemos estar destinadas de por vida. (2006, p. 19)

> ¿Cuántas escritoras conoces, cuántas filósofas, cuántas músicas, historiadoras, periodistas...? ¿Cuántas intelectuales llegan a ser reconocidas y cuánto les ha costado abrirse paso? ¿Te lo has preguntado alguna vez? (2006, p. 89)

> Yo había estado hojeando un volumen de historia en el que apenas aparecían mujeres; y las citadas lo eran por haber sido reinas, santas o esposas. Ese era todo nuestro protagonismo en el devenir del mundo. No me extrañó; estaba aprendiendo también que la historia la escriben los hombres, lo cual empezaba a hastiarme. (2006, p. 162)

Pero es que, además, en el caso de *Las razones de Jo*, la reescritura de la obra original de Alcott supone, no solo insistir en una genealogía de mujeres en la literatura, sino, también, en una genealogía lésbica de mujeres en la literatura. Encontrar referentes de mujeres lesbianas en la literatura, nos dice Franc, es un verdadero "ejercicio de arqueología lésbica" y "no tener referentes es la mejor forma para aniquilar un colectivo" (apud Diego, 2019). Así, esta interpretación contemporánea del clásico revela la existencia de una tradición literaria lésbica que no tiene por qué haber sido únicamente un invento de la propia Franc, sino que, como veremos, podría casar con la intención primigenia de la autora y revelaría la existencia de una tradición lesbiana que abundaría en la necesaria "conciencia de comunidad" de escritoras y lectoras no heterosexuales (Martin, p. 343).

¿Era, entonces, la Jo de Alcott lesbiana? La verdad es que nada lo hace suponer, de ahí que algunas voces investigadoras incluso piensen que eso "es llevar las cosas demasiado lejos" (López Rodríguez, 2000, p. 104), pero tampoco nada hace suponer que no pudiera serlo y, por ello, "para muchas lesbianas jóvenes, Jo fue particularmente importante" (Boyd Rioux, 2018, p. 257). No obstante, lo que sí está probado, y de manera recurrente, es la ambigua identificación sexual de Jo en *Mujercitas*; no tiene prácticamente nada femenino, si acaso su larga melena, pero incluso esta, en un momento dado, termina desapareciendo (2018, pp. 213-4). Afirma Boyd Rioux que en Jo se presenta "el género como algo fluido" (2018, p. 247). Un hecho que, hoy lo sabemos, en su época no gozaba de aprobación y que prueba que la "mayoría de las grandes obras de la literatura juvenil son subversivas de una forma u otra" (Lurie, 1998, p. 20). Esta masculinización de Jo se suele vincular a la ausencia paterna al marcharse este a la guerra como capellán militar (López Rodríguez, 2000, p. 97) y se cristaliza en sus maneras de caballero (2018, p. 8); su silbo propio de un muchacho (2018, p. 9), su aspecto de aire masculino (2018, p. 10), en que su padre se refiera a ella como "mi hijo Jo" (2018, p. 290) o que ella misma le diga a su madre que "si algo no va bien en casa, yo soy tu hombre" (2018, p. 426). Toda vez que, si lo sumamos a la energía física que se le supone por las acciones narradas por Alcott, su afición a los juegos propiamente pensados para varones, su falta de interés manifiesta por los hombres e, incluso, la conversión del femenino Josephine en el sobrenombre masculino Jo, podría llevar a apostar por ese supuesto lesbianismo[23].

En segundo lugar, y muy vinculado al motivo anterior, *Las razones de Jo* propone unas razones diferentes a las que llevaron a la Jo March de Alcott al final sabido y tan criticado por sus seguidoras: "lo lamentable, para muchas lectoras, fue que al final de la

---

[23] Hay pocos trabajos que apunten en esta línea lésbica, el principal realizado por Showalter, Elaine (Ed.) (1988). *Alternative Alcott*. Rutgers, XX-XXI.

historia, sucumbiera a un matrimonio convencional y dejara de escribir" aseguró Isabel Franc (apud Domínguez, 2019); una opinión compartida por otras muchas académicas como Nina Auerbach (1978, pp. 55 y 68), Judith Fetterley (1979) o Carolyn Heilbrun (1983, pp. 21-3). Ciertamente, Alcott no quería este final para su heroína, pensándola como su *alter ego*, la prefería soltera como ella misma[24]. La autora se quejaba abiertamente diciendo: "Jovencitas me escriben para preguntarme con quién se casarán *las mujercitas*, como si ese fuera el único fin y objetivo de la vida de una mujer" (apud Alberghene y Lyon Clark, 1999, p. 16), y no era el único fin, pero sí la única manera de sobrevivir. Admite la propia Meg en el libro que "los hombres tienen que trabajar para obtener dinero, y las mujeres, encontrar un marido" (2018, p. 209). En consecuencia, Alcott se sintió instigada por sus editores a darle un final más adaptado a las expectativas reales de las muchas jóvenes seguidoras de la obra, un final más comercial (Matteson, 2018, p. XV) y este estribaba en un matrimonio como único final feliz posible para una mujer (Boyd Rioux, 2018, p. 73). Así que, aunque a regañadientes, Alcott casó a Jo, si bien no con Laurie como esperaba todo el mundo, sino con el profesor Bhaer, al que describió como pobre, poco agraciado y mucho mayor que Jo (2018, p. 463). Si bien estas fueron las razones factuales, Franc abunda en otras posibles razones que, al mismo tiempo que dan título al libro, denuncian las complicaciones emanadas de una orientación sexual diferente de la

---

[24] Algunos años antes de *Mujercitas*, Alcott publicó un ensayo titulado *Happy Women* (1868)—en español *Mujeres felices*— donde subrayaba la existencia de mujeres que tenían metas vitales que las hacían felices y que eran diferentes al matrimonio. Afirmó "la libertad es mejor marido que el amor para muchas de nosotras" (apud Reisen, 2009, p. 263). Ciertamente, en una sociedad como la que le tocó vivir a Alcott, conseguir una cierta autonomía legal una vez cumplida la mayoría de edad pasaba por la muerte del padre, la viudez o la soltería. La mujer menor de edad y la casada eran consideradas "femme covert" y la soltera "femme sole", un rango que le permitía tener algunos derechos normalmente reservados para los hombres, como la capacidad para adquirir propiedades, firmar contratos o llevar a alguien a juicio (López Rodríguez, 2000, p. 23)

mayoría y que complejizan la ya difícil existencia de las mujeres en la Norteamérica de finales del siglo XIX. Y es que, como ya señalamos, en la propuesta de Isabel Franc, Jo descubre que se siente atraída sexualmente por las mujeres y termina manteniendo una relación sentimental con una de ellas.

Ahora bien, esto no significa que todo cambie entre la obra de Alcott y la de Franc. Para nada. La historia es la misma, con las mismas escenas conocidas y reconocidas: las cartas del padre que la madre lee a las hijas alrededor del sofá, las reuniones del Club Pickwick donde las hermanas incluyen a Laurie, la venganza de Amy materializada en la quema del manuscrito; la caída de la muchacha en el hielo o la grave enfermedad de Beth: un "eterno retorno de un mismo motivo que, por supuesto, no sigue significando lo mismo" (Llurba, 2021, p. 63). Las diferencias estriban en la sensibilidad lesbiana que hace que la aportación de Franc esté situada (Haraway, 1988) y que, al observar las decisiones de la Jo de Alcott desde ese punto de vista diferente, ofrezca nuevas posibles motivaciones que llevaron a la joven a tomar una u otra decisión. La realidad se puede mirar desde muchas perspectivas y está claro que estas tienen que ver con una particular relación con el poder y nuestra propia identidad. Por supuesto, las motivaciones que la Jo de Franc hace explícitas en *Las razones de Jo* pudieron ser las mismas que las de la Jo de Alcott en *Mujercitas*, pero tal y como sostiene Franc en su novela:

> Estaba claro que nunca podría revelar mi amor hacia otra mujer y, en aquel momento, ni siquiera lo pretendía. Me conformaba con darle a mi historia la forma deseada, aunque solo fuera en mi imaginación, porque si la escribía, tampoco iba a poder mostrarla. (2006, p. 65)

Probablemente este sea el motivo sustancial por el que *Las razones de Jo* es una novela escrita en primera y no en tercera persona como la *Mujercitas* de Alcott, redactada bajo la mirada omnisciente del narrador que todo lo sabe —y del que no sabemos, como ha advertido López Rodríguez, si es un hombre o una mujer (2000, p. 95)— y que tanto gustaba al realismo clásico. La propuesta de Franc es más emocional, se aleja de fórmulas tradicionales porque quiere que la experiencia de su lectura se vincule a lo que pudo significar para la protagonista, Jo, identificarse con una sexualidad no normativa a finales del siglo XIX.

La Jo March creada por Isabel Franc escribe sus textos pensando en ella misma enamorada de una mujer, si bien al crear a los personajes se piensa a sí misma en masculino para no alterar el estado normativo de las cosas. Jo conoce a una joven —más tarde sabremos que es Annie Moffat, una amiga de su hermana— y evocándola a ella, la traslada al papel de sus ficciones como Edith. Sin embargo, pronto descubre que su personaje parece tener vida propia, un fenómeno que funde realidad y ficción como lo hiciera Unamuno con su Augusto Pérez en *Niebla* (1914). "Así que, siendo yo quien había de desarrollar un personaje a mi medida y dirigir la escena a mi conveniencia, me veía sorprendida por mi propia criatura" (2006, p. 38).

> -Tú ya estás enamorada -me interrumpió- y no de un hombre, precisamente.
> Me quedé boquiabierta.
> - ¿¡Cómo te atreves!? – protesté.
> Ella seguía en el mismo tono.
> - ¡Oh, vamos! No me vengas con sobresaltos. Tú me amas, ¿no es cierto?
> Titubeé uno instantes y luego, en un acto de sinceridad conmigo misma, asentí con la cabeza.
> - Yo también te amo - siguió Edith-. Pero me gustas tal como eres. No entiendo por qué tienes que convertirte en un chico. (2006, p. 60)

Es así como la Jo de Isabel Franc reconoce que no quería "ser un chico" sino que se "sentía mujer y la amaba como una mujer" (2006, p. 62). Aquello que Jo había pensado que significaba ser hombre era, en realidad, tener privilegios masculinos. No solo en lo tocante a amar abiertamente a una mujer, sino también a vestir como quisiera, a estudiar, a manifestar sus opiniones fueran cuales fueran estas, a tener un empleo remunerado, a ejercer su derecho al voto, a participar como ciudadana en la vida social y política (2006, pp. 62 y 175). Jo logra sistematizar esta realidad y transformarla en un discurso que resulta incluso recriminatorio, como el que dirige a su íntimo amigo Laurie:

> Los hombres no sois conscientes de los privilegios que tenéis. Sois todos unos prepotentes y unos caprichosos. No sería lo mismo si tuvierais que luchar por la igualdad de derechos. ¿Te has preguntado alguna vez por qué tú puedes estudiar y yo no? ¿Te has parado a pensar qué harías si te obligaran a quedarte en casa a fregar, barrer, coser y cuidar de tu familia? No, claro. El señorito no tiene por qué preocuparse de esas nimiedades. Eso es para las mujeres. (2006, p. 89)

Que Jo March reconozca que se siente atraída por una mujer, aunque sea únicamente en los textos que escribe y con los que fantasea, introduce en la narración de Isabel Franc la masturbación femenina. Louisa May Alcott tenía varias razones para no hacerlo. Asegura Alison Lurie que de las tres preocupaciones más importantes que calan la ficción de los adultos —el sexo, el dinero y la muerte—, la primera de ellas suele estar ausente en la literatura clásica infantil (1998, p. 16) y en la literatura pensada para jóvenes y adolescentes es poco explícita (Lurie, 1998, p. 16; Cashdan, 2017, p. 172). Tampoco podemos olvidar la época en la que fue escrita y publicada *Mujercitas*, un momento en el que se suponía que la mujer, a diferencia del hombre, era prácticamente asexual y el sexo solo tenía cabida para garantizar la supervivencia de la especie. Así que el sexo en cualquiera de sus dimensiones no tenía cabida en su historia, pero, menos aún, si nos referimos al autodescubrimiento de Jo de su propia excitación y goce pensando en otra mujer. En la novela de Franc, pensada para un público adulto y con una protagonista adolescente que se empieza a sentir atraída sexualmente por las mujeres sí es un tema recurrente. La joven protagonista se apropia de su cuerpo y goza con libertad de su libido pensando en Edith:

> No sabía qué estaba haciendo. Nadie me había hablado nunca de aquella actividad y mucho menos de la maravillosa sensación que deviene de ella. Surgió como algo natural, instintivo. Primero sentí una especie de comezón cercana a la cosquilla, y enseguida una necesidad imperiosa de apaciguarla. Lo curioso era que, cada vez que en mi imaginación aparecía el rostro y la delicada figura de la joven dama, llegaba la comezón. [...] Entonces, mis manos tomaron la iniciativa. Guiadas por una pulsión sobrenatural, se deslizaron en busca de zonas, puntos, lugares concretos que parecían estar llamándolas. Mis dedos serpentearon ansiosos. Jugaron. No sé si a aplacar la cosquilla o a avivarla, porque mi cuerpo los llamaba a seguir. Y, sin saber ni qué hacía ni por qué, ellos ludían afanosos a mayor velocidad (2006, pp. 33-5)

Por supuesto, la obra de Franc no normaliza la condición de lesbiana de Jo, esto habría sido algo totalmente anacrónico si pretendía ir en sintonía con la obra de Alcott, escrita y publicada un siglo antes de que la Organización Mundial de la Salud eliminara la homosexualidad de su lista de enfermedades mentales en 1990. De hecho, en un momento dado, comparte esta ficción lésbica con su hermana Beth y esta se atreve a aconsejarla:

> - Pero eso es antinatural, ¿no? Las mujeres no se enamoran de otras mujeres. No conocemos a nadie a quien le suceda. Ni siquiera en la ficción. No existen ese tipo de heroínas en nuestras lecturas; las chicas no nos amamos, no al menos de esa manera. ¿Qué sentido tiene escribir sobre algo que no existe? (2006, p. 65)

Jo medita sobre lo que le señala su hermana y, tras unos instantes, le responde que "tal vez sí que existen esas heroínas en las novelas y en la vida real, pero no las conocemos" y que, además, "alguien ha de ser la primera" en escribirla (2006, pp. 65-6). Su hermana está de acuerdo con ella, pero le advierte que "si la escribes, no solo la novela acabará en la hoguera; tú irás detrás" (2006, p. 66). La joven tuvo que rendirse a la evidencia de la época que le había tocado vivir y aunque en su mente representaba la historia una y otra vez, incluso protagonizando sus fantasías sexuales "me abrazaba a la almohada, la besaba, me frotaba en ella y acababa tocando el cielo", nunca llegó a escribir la novela (2006, p.84).

> Consciente de que no podía reflejar en mi obra el amor entre mujeres, me puse a escribir relatos románticos en los que simplemente cambiaba el nombre de una de las protagonistas convirtiendo el texto en una aventura entre un hombre y una mujer. (2006, p. 87)

Así que la Jo March de Franc no llega a escribir sobre el amor y el deseo entre mujeres, pero sí lo hace Isabel Franc en *Las razones de Jo*. Coincidiendo con la novela de Alcott, todo comienza cuando Jo viaja a Nueva York y conoce a la señora Norton. En el texto original apenas hay un párrafo en el que se la describe[25], pero en esta nueva interpretación este personaje es de suma relevancia y se convierte en un referente para ella (2006, p. 126).

Gracias a Helen Norton, Jo conoce nuevas ideas y nuevos movimientos como el abolicionismo, la ideología antiesclavista que venía reforzada por los conceptos de libertad, igualdad y fraternidad defendidos en la revolución francesa, o el sufragismo, que

[25] "La dama soltera es una tal Srta. Norton rica, cultivada y amable. Habló conmigo hoy en la cena (ya que comí de nuevo en la mesa; ¡es tan divertido observar a la gente!) y me pidió que fuera a verla a su habitación. Tiene libros y cuadros magníficos, conoce a personas interesantes y parece simpática; así que seré agradable con ella, ya que no es el mismo tipo de "buena sociedad" que le gusta a Amy. (2018, p. 447)

irrumpían prometiendo un futuro de mayor libertad y justicia social[26]. En la obra de Alcott no hay referencias tan directas a estos temas. En cambio, en su secuela, *Los muchachos de Jo* (1886), los derechos de las mujeres sí son un tema destacado. En la propuesta de Isabel Franc, por el contrario, Jo empieza a acompañar con regularidad a la señora Norton a sus reuniones, a conferencias como las pronunciadas por la prestigiosa Amelia Bloomer (1818-1894)[27], acude a manifestaciones pidiendo el derecho al voto para la mujer, colabora en las actividades de difusión y participación del grupo que pedía una enmienda a la Constitución, y todo ello a través de un sentido de hermandad y compañerismo que hacía más soportable la soledad y la frustración de la situación en la que se encontraban las mujeres. Y, así, como si de una revelación se tratara, Jo estuvo segura de que un día la historia les haría justicia (2006, p. 139).

La Jo March que imagina Isabel Franc se interesa por la literatura escrita por mujeres, devora a Emily Dickinson, Jane Austen, Charlotte y Emily Brontë, Harriet Beecher o a Mary Shelley (2006, p. 114), pero, también, comienza a leer a precursoras de la reivindicación feminista como Mary Wollstonecraft o Olimpia de Gougues (2006, p. 129). Y es en ese momento cuando se da cuenta de que sí había precursoras en la ficción de amor entre mujeres. Jo conoce, así, a la poeta griega Safo (2006, p. 155).

> Iba apuntando nombres y datos, entusiasmada por tanta riqueza, y cuando me di cuenta de la cantidad de hojas que había llenado, no pude evitar alarmarme por todo el trabajo que, a partir de aquel descubrimiento, me sentía obligada a realizar. Tenía que saber más

---

[26] La 14.ª Enmienda (1868) no incluía el sufragio de los afroamericanos ni de las mujeres.

[27] Amelia Jenks Bloomer (1818-1894), activista estadounidense, fue una incansable defensora de los derechos de las mujeres. En la actualidad, es conocida sobre todo porque intentó cambiar la moda femenina victoriana por prendas más cómodas —su nombre ha quedado asociado a los *bloomers*, una suerte de pantalones bombachos— para las nuevas actividades a las que las mujeres se estaban incorporando.

> sobre aquellas mujeres y lo que proclamaban. Quería conocer la historia, encontrar a las precursoras, compartir lo que siempre había pensado. (2006, p. 129)

La asistencia repetida de Jo al círculo de sufragistas que Helen Norton frecuentaba hizo que la joven se pusiera en contacto con muchas mujeres que compartían su compromiso ideológico. Aquello supuso una amplitud de miras que le permitió llevar a la vida real pasajes similares a los que antes solo se permitía en su imaginación y en sus "juegos nocturnos" (2006, p. 162). La protagonista fue Christine Walter, una joven algo mayor que ella a la que conoce en una de las reuniones y de la que se enamora perdidamente.

> - Si te dijera que estoy enamorada de ti, ¿qué pensarías?
> Remolino de lava en el epicentro de mis entrañas.
> - No pensaría —respondí al borde del colapso—. No podría pensar. Yo… ¡Oh, Chris! ¡Cielos!… —Balbuceo atolondrado—. A mí… Yo también… ¡Uf! —Y aquel calor tan intenso—. Creo que ahora sí: voy a desmayarme. (2006, p. 166)

El idilio de Jo con Christine Walter trae consigo las escenas de sexo explícitas.

> No era la primera vez para ella. Sí para mí, pero yo no tenía miedo. Al contrario. Me habría dejado arrastrar hasta los confines de la muerte, habría permitido que me succionara entera. Sentir su lengua sorbiendo en mis pezones me producía un placer casi doloroso. Noté que bajaba hasta el vientre, sentí sus manos agarrando mis caderas, y su boca bebiendo la gelatina salada que manaba de mis entrañas. Salada, sí, tenía que serlo, porque luego yo hice lo mismo y aquel fluido sabía a mar. (2006, p. 167)

Pero, además, Jo no solo mantiene una relación sentimental y sexual con Christine, sino que también es especialmente valiente para su época: declara abiertamente su amor hacia una mujer al contárselo a su hermana:

> Ella es mucho más que una amiga, es una hermana y… no te asustes, es también mi amante y mi amada. ¿Te acuerdas cuando te dije que quería escribir una novela en la que dos mujeres se amaban? Tú me indicaste que eso debía ser antinatural porque no conocíamos a nadie a quien le hubiera sucedido y no teníamos referentes literarios. ¿Lo recuerdas? Pues no es cierto. Chris siente lo mismo que yo. Y otras mujeres antes también lo han sentido (2006, pp. 169-70).

La convivencia entre Jo y Christine no era algo que llamara la atención en su época: "la amistad íntima entre dos mujeres estaba bien aceptada" porque estaba "sobrentendida la castidad y el celibato de ambas" (2006, p. 174), era un *amor impossibilis*[28]. Nadie habría pensado que entre ellas pudiera existir una relación carnal puesto que una mujer no podía despertar los deseos sexuales de otra mujer y "mucho menos, satisfacerla" (2006, p. 174). En cambio, lo que era seguro que no podían tener era un negocio. Ya hemos señalado con anterioridad que en el contexto en el que se desarrolla la novela de Alcott, la mujer no tenía ningún tipo de identidad legal, dependía del padre hasta que pudiera hacerlo del marido.

Sin embargo, Jo y Christine deseaban poder regentar una escuela, transmitir sus ideas, fomentar otros valores y ayudar a construir nuevas generaciones educadas en el respeto y la igualdad. Así que, como sabían que nunca darían permiso a dos mujeres para montar una escuela, convinieron que necesitaban "a un hombre que nos avalara" (2006, p. 207). Y es ahí donde se explica en la propuesta de Franc la motivación que lleva a Jo a contraer matrimonio con el profesor Bhaer.

El personaje icónico de Alcott, como la propia autora, no entendía el casamiento de la mujer como final feliz de su exis-

[28] En la Europa Moderna, según parece, eruditos consideraron al lesbianismo *amor impossibilis*, 'amor imposible' (Gowing, 2006, p. 125).

tencia ni siquiera como convencionalismo literario de la época. Al contrario, el matrimonio de Meg con John Brook lo había percibido como una ruptura familiar, ya que, al casarse, su hermana mayor había apostado por una nueva familia y se había alejado de la antigua. Sin embargo, el profesor Bhaer aparece y le propone a Jo un matrimonio fuera de lo convencional, uno que no equivale a su sometimiento y que apunta a una concepción no patriarcal de compañerismo que, de alguna manera, ya se dejaba entrever en la historia original de Alcott. En *Las razones de Jo* él le ofrece estabilidad, seguridad y protección a cambio de compañía: "tómalo como una especie de intercambio" (2006, p. 201), y la joven termina aceptando. Y es así como Isabel Franc convierte el matrimonio de Jo en un camino válido para alcanzar cotas de emancipación, en este caso, una suerte de resistencia a las trabas de la época que le impedían regentar un negocio siendo mujer.

5. CONCLUSIONES

Los cuentos populares, los de hadas, las historias clásicas y los grandes hitos de la literatura universal en general, son producto de su tiempo. Ese suele ser motivo suficiente para que adopten nuevas formas. Es una manera de perdurar, de lograr que un clásico de otro tiempo pueda seguir siendo un clásico del actual. Otras veces, por ser productos de ese tiempo dado, su mensaje se ha alterado, los cambios sociales aparejados han tenido esa consecuencia y, también por eso, es importante que se propongan nuevas versiones. Así lo propuso Adrianne Rich en *Writing as a Re-Vision* (1971): "el acto de mirar atrás, de mirar con ojos nuevos, de asimilar un viejo texto desde una nueva orientación crítica, esto es para las mujeres más que un capítulo de historia cultural; es un acto de supervivencia" (1983, p. 47).

Las razones de Jo cambia la historia de *Mujercitas* de Louisa May Alcott, pero sin cambiar al mismo tiempo nada. Isabel Franc modifica la percepción que el público lector de la obra original tenía de Jo. Nos introduce en sus pensamientos más íntimos, añade nuevas escenas que encajan con la historia primigenia y convierte a Jo en una heroína que no sucumbe a los mandatos de género por contraer matrimonio. Casarse con un hombre en la novela de Isabel Franc es una suerte de estrategia de resistencia que permite a Jo continuar su relación afectiva con Christine Walter y, además, poder regentar con ella el negocio que ambas quieren. Sortea, así, las consecuencias que le habría acarreado vivir fuera de la norma (2006, p. 117).

Ahora bien, esto no significa en ningún caso que Franc normalice las preferencias afectivo-sexuales de la protagonista. Normalizar habría supuesto que el hecho de ser lesbiana no hubiera tenido peso alguno en el conflicto tratado (Casado, 2018, p. 12) y eso no sucede en *Las razones de Jo* que, como vemos, por amar la protagonista a una mujer tiene que casarse con un hombre. La historia de Franc y la de Alcott están ambientadas en la Norteamérica del siglo XIX y ser lesbiana entonces era una dificultad que, encima, traía consigo otras muchas problemáticas, desde las más importantes, como puede ser la persecución social y la lucha contra el prejuicio, hasta declararse abiertamente lesbiana o poder regentar un negocio con su pareja. Estos inconvenientes que suponía irremisiblemente vivir una relación sentimental lésbica en el siglo XIX es lo que intenta mostrar Isabel Franc en su novela y aunque, efectivamente, mostrar no es normalizar, sí es un primer paso (Casado, 2018, p. 12).

En último lugar, tampoco podemos obviar el interés de la autora en dotar de referentes lésbicos la literatura, una empresa que no solo consiste en la creación de nuevas obras con temática lésbica, sino también en reescribir y reinterpretar clásicos de la literatura universal desde otro punto de vista. Esto no significa que una historia sustituya o reemplace a la otra, sino que, juntas y acaso con otras, puedan convivir en una suerte de jardines literarios de senderos que se bifurcan para visibilizar las diversas sexualidades existentes, tal vez infinitas.

Referencias bibliográficas

Alberghene, J. M., & Lyon Clark, B. (Eds.). (1999). *Little Women and the Feminist Imagination. Criticism, Controversy, Personal Essays*. Garland Publishing.

Alcott, L. M. (2018). *Mujercitas*. Akal.

Auerbach, N. (1978). *Communities of Women: An Idea in Fiction*. Harvard University Press.

Beauvoir, S. (1967). *Memorias de una joven formal*. Editorial Sudamericana.

Berg-Ehlers, L. (2018). *Inolvidables. Grandes autoras que escriben para los pequeños*. Maeva.

Boyd Rioux, A. (2018). *El legado de Mujercitas. Construcción de un clásico en disputa*. Ampersand

Boyd Ryoux, A. (2004). *Writing for Immortality: Women and the Emergence of High Literary Culture in America*. Johns Hopkins University Press

Cabré, A. (2013). *Leer y escribir en femenino*. Aresta Mujeres.

Casado, A. (2018). Introducción. En *Teatro lésbico*. Editorial Fundamentos, 11-54

Cashdan, S. (2017). *La bruja debe morir*. Debate.

Clark, B. L. (2004). *Louisa May Alcott: The Contemporary Reviews*. Cambridge University Press.

Corbalán, A. (2010). "Abajo el patriarcado: utopía lésbica en No me llames cariño, de Isabel Franc". *Letras femeninas*, 36, 1, 161-178.

Díaz-Plaja, A. (2002). "Les reescriptures a la literatura infantil i juvenil dels últims anys". En Colomer, T. (Ed.), La literatura infantil i juvenil catalana: un segle de canvis. Barcelona: Institut de Ciències de l'Educació de la Universitat Autònoma de Barcelona, 161-170.

Diego, B. (2019). "Entrevista a Isabel Franc". *La línea de fuego*, 8 de abril de 2019. http://lalineadefuego.es/2019/04/08/isabel-franc-si-jo-march-hubiera-existido-hubiera-sido-feminista/

Domínguez, D. (2019). "Entrevista a Isabel Franc". *La marea*, 15 de abril de 2019. https://www.lamarea.com/2019/04/15/los-partidos-de-derecha-intentan-apropiarse-del-feminismo-para-destruirlo/

Ferrante, E. (2012). *La amiga estupenda*. Lumen.

Fetterley, J. (1979). "Little Women: Alcott's Civil War". *Feminist Studies*, 5, 2, Verano.

Franc, I. (2006). *Las razones de Jo*. Lumen.

Gowing, L. (2006). Las lesbianas y sus iguales en la Europa Moderna (1500-1800). En Aldrich, R. (Ed.). *Gays y lesbianas. Vida y cultura. Un legado universal*. Nerea, 124-143.

Haraway, D. (1988). "Situated Knowledge: The Science Question in Feminism and the Privilege of Partial Perspectives". *Feminist Studies*, 14.3, 575-599

Heilbrun, C. (1982). Louisa May Alcott: The Influence of *Little Women*. En Wheeler, K. W., Lussier, V. L., & Stimpson, C. R. (eds): *Women, the Arts, and the 1920s in Paris and New York*. Transaction Books.

Hernández Socas, E., & Giugliano, M. (2019). "La recepción de *Little Women* en España a través de sus traducciones y adaptaciones". *Quaderns. Revista de Traducció* 26, 137-160.

López Rodríguez, M. (2000). *Louisa May Alcott, la feminista oculta tras los convencionalismos*. Servicio de Publicaciones de la Universidad de Málaga.

López Rodríguez, M. (2010). Estudio crítico. Louisa May Alcott, una vida entre la tradición y la reforma. En *Louisa May Alcott. Tres relatos para adultos*. Servicio de publicaciones de la Universidad de Valencia, 181-220.

Llompart Pons, A. (2016). Censoring Gender: Translations of Louisa May Alcott's *Little Women* in Franco's Spain. En Cerrillo Torremocha, P. C., & Sánchez Ortiz, C. (Eds.). *Prohibido leer: La censura en la literatura infantil y juvenil contemporánea*. Ediciones de la Universidad de Castilla La Mancha, 61-69.

Llurba, A. (2021). *Érase otra vez. Cuentos de hadas contemporáneos*. WunderKammer.

Lurie, A. (1998). *No se lo cuentes a los mayores. Literatura infantil, espacio subversivo*. Fundación Germán Sánchez Ruipérez.

Lurie, A. (2004). *Niños y niñas eternamente. Los clásicos infantiles desde Cenicienta hasta Harry Potter.* Fundación Germán Sánchez Ruipérez.

Martin, B. (1994). "La identidad lesbiana y la(s) diferencia(s) autobiográfica(s)". En Loureiro, A. G. (coord.). *El gran desafío*. Megazul-Endymion, 333-374.

Matteson, J. (2018). Edición, introducción y notas. En Alcott, L. M. *Mujercitas*. Akal.

Proctor, W. (2012a). "Regeneration & Rebirth: Anatomy of the Franchise Reboot". *Scope: an Online Journal of Film and Television Studies*. Vol. 22, febrero, 1-19

Proctor, W. (2012b). "Beginning Again: The Reboot Phenomenon in Comic Books and Film". *Scan. Journal of Media Arts Culture*. Vol. 9, No 1.

Reisen, H. (2009). *Louisa May Alcott: The Woman Behind Little Women*. Henry Holt and Company.

Rich, A. (1983). Cuando las muertas despertamos: escribir como revisión (1971). Rich, A. *Sobre mentiras, secretos y silencios*. Icaria, 45- 67.

Russ, J. (2018). *Cómo acabar con la escritura de las mujeres*. Editorial Dos Bigotes.

Showalter, E. (2016). Introducción. En Alcott, L. M. *Mujercitas*. Penguin Clásicos.

Vallejo, I. (2020). *El infinito en un junco. La invención de los libros en el mundo antiguo*. Siruela.

VV. AA. (2019). "´Mujercitas': 23 escritoras hablan de cómo les influyó". https://www.elperiodico.com/es/cuaderno/20191221/mujercitas-23-escritoras-hablan-de-como-les-influyo-7780931

Weisgall, D. (2012). "The Mother of All Girls' Books". *The American Prospect*. https://prospect.org/culture/books/mother-girls-books/

Wells, K. (2000). "Louisa May Alcott and the Roles of a Lifetime". In Wells, K. (Ed.) *Domestic Goddesses*. http://www.womenwriters.net/domesticgoddess/thesis.htm

Woodroofe, D. (1971). "American Feminism 1848-1920". *Women in Revolt: International Socialist Review*, 21-42.

Fractura y restauración del yo en *Black out*, de María Moreno

Ferran Riesgo

Universidad de Alicante, Alicante, España
ferran.riesgo@ua.es

RESUMEN:

Black out (Literatura Random House), de la Argentina María Moreno, se publicó en 2016 (Argentina) y 2017 (España). La mixtura de recuerdos personales, semblanzas ajenas, ficción y pasajes ensayísticos remite a trabajos anteriores, afines a los de otros autores implicados en el llamado "giro autobiográfico de la literatura argentina" (Giordano, 2008). Aquí, no obstante, lo autobiográfico y lo novelesco se disputan el control del relato con una intensidad inédita en obras previas de Moreno. De esta hibridez estilística se derivan en *Black out* conflictos y estilemas que concentran la atención en la construcción de la narradora/autora María Moreno, y la tensión que atañe al género literario se contagia al yo narrativo en (de)construcción, afectando a todas sus facetas: la memoria, la escritura, las relaciones con el otro, el duelo y, sobre todo, el género de la protagonista. El alcoholismo es un tema dominante en la obra; las vidas y muertes de compañeros de profesión (periodistas, escritores, bebedores) rodean a ese yo tensionado, como espejos que multiplican las experiencias vividas y las vidas posibles del sujeto literario, hasta que la multiplicidad de imágenes ajenas lo fracturan. Este trabajo se propone mostrar cómo se rompe y se restaura ese yo a lo largo de la obra, y cómo esas tensiones en torno a la narradora/protagonista y la ambigüedad que generan actúan, de hecho, como motor de la obra y, la convierten en un ejemplo singular dentro de las últimas manifestaciones de las narrativas del yo.

PALABRAS CLAVE: *María Moreno, literatura argentina, autobiografía, literatura del yo, género*

ABSTRACT:

Argentine writer María Moreno published *Black out* (Literatura Random House) in 2016 (Argentina) and 2017 (Spain). Its combination of *memoir*, portraits of others, narrative fiction, and essayistic passages echoes that of previous works, similar to those by other authors akin to the so-called "autobiographical turn of Argentine literature" (Giordano, 2008). Here, however, autobiography and novel vie for control of the narrative, with an intensity unheard in previous works. The stylistic mix endows *Black out* with a particular indeterminacy, a permanent discursive tension. This gives rise to conflicts and styles that focus attention on the construction of the author/narrator's self: María Moreno, *nom de plume* that replaces the real name of the writer, Cristina Forero. The tension that (un)defines the literary genre spreads to the deconstructing narrative self, affecting all its facets: memory, writing, personal relationships, mourning and, above all, the gender of the protagonist. Alcoholism is a dominant theme in the story. The lives and deaths of her comrades (journalists, writers, drinkers) surround Moreno's stressed self, like mirrors that multiply the author's lived experiences and possible lives of the author, until the multiplicity of alien images shatters it. This chapter aims to show how that self is shattered and restored throughout the book, and how those tensions around the author/narrator and the ambiguity they generate act, in fact, as the driving force of the work, making it a unique example of the latest manifestations of narratives of the self.

KEYWORDS: *María Moreno, Argentine literature, autobiography, self-fiction, gender*

1. UNA VOZ PROPIA, QUE ES LA DE OTRA

En *Contramarcha*, su libro más reciente, María Moreno (nacida [María] Cristina Forero), apunta en las primeras páginas:

> Se puede elegir un nombre y terminar tomándose por lo que el nombre designa. Me pasó a mí [...]. Decidí crearme un seudónimo con mi primer nombre que nunca usaba y el apellido del entonces mi marido. "María Moreno" sonaba bien y era fácil de recordar. (Moreno, 2020, p. 25)

La cita sigue, pero convendría detenerse, ya de entrada, para señalar una primera afinidad entre la escritora y otros autores argentinos de su generación[1] y aledaños que también han indagado en las escrituras del yo, y también han especulado con sus nombres propios en esos proyectos. El narrador y ensayista Ricardo Piglia, en sus *Diarios de Emilio Renzi* (2015-2017), introducía en el diario –presuntamente personal– este *alter ego* ficticio construido con su segundo nombre de pila (es decir, su nombre completo era Ricardo Emilio) y el apellido de su madre, Renzi, o sea su segundo apellido. Parte de la voz narrativa, en los *Diarios*, se traspasa al segundo yo; *segundo*, aquí, en un sentido literal.

En 2018, un año después que se publicara el tercer y último tomo de los *Diarios*, la poeta y ensayista Tamara Kamenszain daba a la imprenta *El libro de Tamar*, un ensayo brillante con visos de autobiografía sentimental donde aparecen, puntualmente, Josefina Ludmer, Piglia y Moreno (lo cual resulta natural, ya que al fin y al cabo frecuentaban los mismos círculos literarios); casi todos los capítulos

---

[1] Utilizo aquí *generación* en el sentido más amplio posible, más afín a la estética que a las fechas de nacimiento. Algunos de los autores que menciono (Piglia, Kamenszain, Libertella) sí pertenecen a la misma generación en un sentido más estricto (orteguiano, si se quiere). No obstante, muchos de los que menciona Alberto Giordano (2008) en su monografía y aun otros que no aparecen allí, pero comparten algunos de estos mecanismos narrativos fundamentales, son más jóvenes: Alan Pauls, Daniel Guebel, Sergio Bizzio, o, más recientemente, Federico Falco (2020).

de *El libro de Tamar* llevan por título iteraciones del nombre "Tamara", a partir de un poema que le habría escrito Héctor Libertella, habitual de las mismas tertulias, y su marido durante un largo tiempo. Como María Moreno (al menos la María Moreno "ficcional"), Libertella fue alcohólico, y el asunto es casi omnipresente en *Black out*, cuya primera edición es de 2016: el escritor había fallecido diez años atrás, y las escrituras del yo, en Argentina, estaban ya en plena efervescencia. No parece casual que Kamenszain y Moreno se mantuvieran en esa misma poética cuando publicaron sus siguientes ensayos, *Libros chiquitos* y *Contramarcha*, ambos en 2020. Si *El libro de Tamar* y *Black out* eran narraciones con raíces autobiográficas atravesadas por lo ensayístico, en ambos ensayos lo autobiográfico y un potente aliento narrativo permean el texto. Los límites entre ambos géneros aparecen difuminados, mezclados.

Si volvemos ahora sobre el fragmento de *Contramarcha* ya citado, encontraremos un estilo y un tono difícilmente discordantes con de los de *Black out*. Pero nos interesa, de entrada, el desarrollo acerca del tema del nombre:

> Las feministas me criticaban que, ya divorciada, siguiera llevando el nombre de mi exmarido. Por supuesto, yo no veía qué clase de emancipación era conservar, en cambio, el apellido de mi padre, y me defendía explicando que era una operación más compleja: en mi fuero íntimo quería *ser* Marguerite Moreno, la admirada amiga de Colette, escritora que yo idolatraba hasta el plagio [...]. Si con el "María Moreno" escribí para la revista *Status* [...], simulé saberes de los que siempre había carecido, me fui creyendo esa ficción, llegando a abandonar sus reglas: pronto a los clichés de una supuesta niña bien adosé los de las librerías de la calle Corrientes, los bibelots teóricos que improvisaba en banda entre varones autodidactas. Melindrosa, conservé el "Cristina Forero" para firmar reseñas de libros y notas de vida cotidiana en el diario *La Opinión* pero, poco a poco una única voz quedó fagocitada por "María Moreno". (Moreno, *op. cit.*, pp. 26-27)

La narradora prescinde aquí de un dato que también nos interesa considerar. En la cubierta de *El affaire Skeffington*, su primera novela (1992), debajo de su *nom de plume*, todavía aparecía también el otro, el anterior: Cristina Forero. *El affaire Skeffington*, muy en la línea borgiana de las referencias bibliográficas inventadas, y un claro antecedente de *La literatura nazi en América* (1996) de Roberto Bolaño, es una suerte de reconstrucción documental (falsa) de la vida y obra de la poeta Dolly Skeffington, cuyos manuscritos (seguramente inventados, también) habría encontrado la autora. Como haría luego Piglia en *Respiración artificial* (2001), donde ya tiene un papel protagonista Emilio Renzi, Moreno entrecruza la confusión de una documentación ficticia pero pegada a la realidad con la ambigüedad identitaria propia, condensada en la inestabilidad del nombre que ya no es un seudónimo, sino una partición del yo que se ha desgajado en la ficción y cuya voz literaria tiene una corporeidad que trasciende la máscara.

Algo antes de completar la escritura de *Contramarcha*, en 2017, Moreno había acudido a dar una conferencia que iba a llamarse "El tintero de Narciso" (un nombre, luego descartado, acorde con la exploración literaria del yo que la caracteriza) a la Cátedra Abierta Roberto Bolaño, auspiciada por la Universidad Diego Portales (2017). Al comenzar su intervención, volvía Moreno sobre el tema del nombre –un tema, al cabo, sobre el que ha compuesto no pocas variaciones–: "Hoy me vine travestida de María Moreno, pero, ¿se puede decir que hay un original que se llama María Cristina Forero?".

Estos vaivenes nominales parecen insertarse, simultáneamente, en dos tradiciones literarias distintas, o, mejor, superpuestas. Por una parte, a la tradición reciente –su historia completa es antiquísima– de los avatares del yo podemos sumar otros narradores rioplatenses, casi todos mayores que Moreno: Borges, Felisberto Hernández[2], Leopoldo Marechal, Mario Levrero, Leo Maslíah, Da-

[2] El caso de Felisberto Hernández es notable, y en cierto modo opera de manera análoga a Moreno, pero *al revés*: aunque casi todos los narradores/protagonistas

niel Moyano, Antonio di Benedetto… Incluso, por qué no, Mario Benedetti. En mayor o menor medida, a menudo desde la ironía o la mera insinuación, todos estos autores han trabajado la materia autobiográfica como una parte sustantiva de sus universos narrativos, o, cuanto menos, como base de hilos temáticos bien delimitados en el conjunto de sus respectivas obras. Vale la pena señalar este hecho: la especulación literaria y los juegos a partir del yo forman una veta particularmente lucida en las literaturas del Río de la Plata y encajan, además, con una corriente sostenida en el campo más amplio de la literatura hispanoamericana en general (*vid.* Barrenechea [1988]; Molloy [1996]; y Alberca [2005]).

Por otra parte, es en la literatura argentina –los autores prescinden de la uruguaya en su ensayo– donde Alberto Giordano y Nora Avaro identificaron una notable intensificación de estas estrategias narrativas, que queda registrada en *El giro autobiográfico de la literatura argentina actual* (Buenos Aires, Mansalva, 2008). Aunque buena parte de lo dicho allí puede hacerse extensivo a muchos autores del otro lado del Plata, aquí será conveniente limitarnos también al sistema literario argentino.

El libro de Giordano no es tanto un ensayo crítico sobre estos fenómenos autoriales como una reunión de ensayos breves, cohesivos pero independientes, sobre algunos narradores y narradoras argentinos cuya obra reciente transita por caminos paralelos –cuando no por el mismo–, y cuyo elemento vertebrador son las variaciones en el uso de la propia vida –o la propia figura, cuanto menos– como materia literaria. El mismo Giordano, en el prólogo que encabeza el volumen, se ocupa de establecer una distinción provisional entre dos vertientes de la misma tendencia:

---

de sus relatos y novelas cortas parecen ser él, y los nombres de profesores, lugares y amigos suelen encajar –con excepciones como *Las hortensias* (Hernández, 2015)–, el nombre propio nunca se enuncia, nadie se dirige a ellos por su nombre. Todo apuntaría a que se trata siempre del mismo pianista y escritor, pero la confirmación (ficcional) nunca llega.

> Entreví la posibilidad de incorporar las "novelas del yo" al "corpus" de mis investigaciones a través de una hipótesis lateral, para ver hasta qué punto el programa narrativo de tal o cual autor sintoniza con las expectativas de nuestra muy extendida, vigorosa y casi siempre banal cultura de lo íntimo. Las ficciones autobiográficas no son algo nuevo, pero sí lo son las condiciones actuales de recepción que legitiman su existencia [...]. Tal vez nunca antes los experimentos autobiográficos en literatura corrieron tantos peligros como los que acechan detrás de los valores que promueve la cultura de lo íntimo (lo dice alguien para quien algunos de esos experimentos representan lo más vigoroso y prominente de la actual literatura argentina). Confiese lo que quiera, expóngase descarnadamente, con tal de que no tengamos dudas o podamos jugar sin inquietudes a que el que vivió y el que escribe sean el mismo. Tan seductora resulta la posibilidad [de] ser triturado y consumido que, incluso entre los escritores más interesantes, hay quienes no se oponen a la recepción intimista de sus ficciones, incluso la promueven. (Giordano, 2008, pp. 9-10)

La noción de *verdad*, en suma, ha sido efectivamente uno de los escollos principales con que la crítica reciente sobre las escrituras del yo ha topado una y otra vez; es el caso, por ejemplo, de Manuel Alberca (2007), que organiza buena parte de su monografía al respecto en torno a la tensión entre el "pacto de ficción" y el "pacto autobiográfico". Parece inevitable, de entrada, no enredarnos en esta dicotomía, especialmente si tenemos en cuenta la buena acogida que el concepto de *autoficción* ha tenido tanto en las librerías como en la prensa cultural en las últimas décadas (tan buena que ha llegado al punto de motivar términos paródicos, como el sarcástico *hartoficción*). El propio Giordano, refiriéndose a los dos primeros lustros del siglo XXI, habla con cierta ironía de los peligros del éxito mediático de estas poéticas: "la aparición simultánea de cuatro o cinco 'novelas del yo' propiciaba simulacros de análisis colectivo" (2008, p. 11).

Este conflicto de lectura puede resumirse en una cuestión de gradación: ¿hasta qué punto deberíamos creernos, si es que hemos de hacerlo, lo que cuentan las ficciones de cariz autobiográfico? La incertidumbre, en el contexto literario actual, se suma a la que puede propiciar la participación frecuente del autor en la conversación pública sobre sus obras presuntamente autoficcionales, cada vez más común (especialmente en redes sociales u otros soportes digitales); Giordano se refiere, por ejemplo, a los "exabruptos confesionales" de Daniel Guebel a propósito de su novela *Derrumbe* (2007). Guebel, escribe Giordano, "orientó violentamente, desde las entrevistas que acompañaron la publicación, la interpretación en clave autobiográfica del experimento" (2008, p. 9). Internet multiplica la circulación tanto de estos paratextos simultáneos a la obra como de respuestas y nuevas interpretaciones mediadas por el comentario autorial, casi inmediatos. La solución (parcial) que propone el crítico argentino radica no tanto en la hechura de la obra como en la mirada del lector:

> No es a partir de la extensión de los temas (mayor, menor o mínima, ya sea que comprometan las esferas pública, privada o íntima), sino a partir de la intensidad con que la escritura sobre cualquier tema imagina posibilidades de vida que hay que pensar el nervio político de las experiencias literarias. (p. 12)

Tanto *Black out* (cuya publicación es posterior a estas disquisiciones críticas) como casi todos los libros de Moreno exigirían de la crítica una toma de posición a este respecto, con la salvedad de *El affaire Skeffington*. Ahora bien, esa toma de posición, como propone el crítico argentino, no tiene por qué situarse estrictamente a uno u otro lado del parteaguas de la "verdad"; también puede escoger un lugar indeterminado en función del vector "verdad", y partir de otros parámetros de lectura, máxime cuando algunas obras que contienen más o menos trazas de realidad autorial pueden –o deben– entenderse en términos distintos a los de las narrativas del yo. Un ejemplo que vendría al caso es el de la novela *Desierto sonoro* (2019), de la mexicana Valeria Luiselli: a pesar de las concomitancias entre las vidas de la autora y de la protagonista, y el interés de algunos críticos por situarla en ese marco de referencia (González Arce, 2016; Licata, 2018), Luiselli ha expresado personalmente su desacuerdo con tales lecturas (*vid.* Riesgo, 2020).

Esta perspectiva de lectura tiene, entre otras, la ventaja de situarse en un plano de referencia que concuerda con el "logrado equilibrio", aunque precario, al que alude en las conclusiones de su monografía Manuel Alberca:

> A pesar del oportunismo ocasional y de la contradicción estructural de las autoficciones y de sus, a veces, construcciones y fabulaciones endebles, en el conjunto de estos relatos, sobresalen obras que por diferentes motivos merecen la pena y justifican la atención y el esfuerzo de estudiarlas, pues han conseguido crear una estructura coherente y, al mismo tiempo, transmiten un mundo en un logrado equilibrio entre una forma de rigurosa novela y un material autobiográfico heterogéneo. Este al menos es el valor que ponen de relieve algunas autoficciones: una forma que permite un orden narrativo para los contenidos autobiográficos con una mayor flexibilidad y una gravitación de lo real que no consigue siempre la novela "pura". Son relatos en que la ambigüedad estructural no constituye una rémora ni un artificio banal, sino un instrumento que nos enseña a ver lo que se esconde en los pliegues de lo real. (Alberca, 2007, p. 294)

Esta lectura de *Blak out* parte de las mismas reservas con respecto al peso de la verdad en la ficción que consignaba Giordano. Parece crucial aclararlo, puesto que, en buena medida, lo que se narra en esta novela es, de hecho, el proceso de fractura y restauración de un yo que se expresa, sobre todo, en la progresiva construcción de una voz propia. Esa voz, la de la narradora María Moreno, ni puede entenderse como la voz de la periodista Cristina Forero ni puede desligarse absolutamente de su vida y sus otras obras (las que firmó como María Moreno y las que no). Ese corpus de vida y escritura formaría, en todo caso, un paratexto –distinto al que vimos a propósito de la novela de Guebel– que acompaña la lectura y el diálogo con la obra, pero del que en un momento dado podemos, y quizá debemos, distanciarnos. Y, aunque esta sea una apreciación poco rigurosa, vale la pena tenerla presente: si leemos *Black out* como una novela "convencional", si disociamos drásticamente vida y obra, la obra todavía "funciona"; el timbre de la voz construida en la novela, aunque con algunos armónicos distintos, sigue siendo reconocible. Y, si atendemos a las declaraciones de la autora citadas al inicio de este trabajo, en un principio ese desdoble tuvo mucho de casual. Como suele ocurrir en la obra de Moreno, no se trataba tanto de un plan como de una circunstancia sobrevenida, que fue luego desarrollándose con el paso del tiempo.

2. Fracturas del yo

Otro de los rasgos característicos de las literaturas del yo, amén de la cuestión de la "verdad", es la de la inestabilidad del género literario al que se adscribiría la forma. Es cierto, como señala en varias ocasiones Alberca (2007), que esta inestabilidad se haría en realidad extensiva a la novela contemporánea, cuando no a la novela en general. En el caso de *Black out*, no obstante, la hibridez formal parece más acusada de lo habitual[3]. El libro está estructurado a partir de fragmentos de tres tipos, que se suceden siempre

[3] En la entrevista en la Cátedra Roberto Bolaño, donde también se habla de *Black out*, Moreno se refiere a Bolaño como "el gran degenerado", justo cuando se discute el asunto de los géneros literarios. Aunque no es la única, la alusión a *Los detectives salvajes*, una de las novelas centrales en la producción del escritor chileno, parece obvia; también allí se mezclan vivencias personales, *alter egos* y variaciones formales que descansan en los modelos de la entrevista y el testimonio periodístico o policial.

en el mismo orden, sin variación en el título: "Del otro lado de la puerta vaivén", "Ronda" y "La pasarela del alcohol". En una nota final –resulta significativo que no la colocara al principio–, Moreno aclara que los del primer tipo responden "al orden del microensayo"; los del segundo, "al del territorio"; los del tercero, "al del retrato" (Moreno, 2017, p. 407)[4]. El primer y el último fragmento del libro no corresponden a ninguna de estas categorías, sino que van sueltos, sin título. No obstante, son los que más contribuyen a delinear la espina dorsal de la obra, y enuncian los temas que mantienen unido el tejido completo: la muerte (del padre y de los amigos), la memoria, y el alcohol. A través de estos temas rectores, y otros subtemas que abordaremos a continuación, *Black out* se lee como un relato único y sólido, si bien la continua sucesión de estos fragmentos nos impide encasillarlo en un solo género. Por lo dicho hasta aquí, no parece que pese a todo sea productivo considerarlo como unas memorias o una autobiografía; esta es otra razón de peso para elegir leerlo como una novela.

Ocurre que, precisamente por la profusión de notas costumbristas y semblanzas de colegas de oficio, la persona de María Moreno tiende a difuminarse entre los fragmentos; su voz, que en los primeros compases de la obra suena clara y decidida, se va perdiendo entre las de los que recuerda, y el yo de la narradora/protagonista se va perfilando, en la mayoría de los pasajes, de modo especular, esto es, reflejado en los demás. Ella misma describe este proceso, solapadamente, cuando habla de su trabajo como periodista a las órdenes de Claudio Uriarte:

> [Uriarte] develaba el verdadero sentido de la publicación simultánea de notas antagónicas sobre un mismo tema como espectáculo de disenso democrático: la regulación del conflicto a un mínimo y la inclinación no evidente del sentido general del mensaje, al más conservador.

---

[4] De aquí en adelante, de las citas a *Black out* solo se indica el número de página; todas pertenecen a la misma edición.

> Y como reordenamiento, la selección del título de informaciones atractivas elegidas fuera de contexto podían virar totalmente el mensaje de una nota periodística.
>
> Y yo misma lo retrato ahora, con una de las trampas del oficio: la *glosa* que, simulándose crítica, reapropia información y estilo para que las gracias del otro queden bajo la propia firma. (p. 235)

La glosa de las vidas de otros, o, a menudo, de la vida *con* los otros (por lo común, en el bar) sería, efectivamente, uno de los procedimientos velados de narración que escoge la narradora/autora para escamotearse del foco principal. El proceso de la memoria en la ficción, entonces, no reconstruye tanto su imagen, la de la vida propia por la que pasan los otros personajes, sino las de los otros, de cuyas vidas entra y sale Moreno. Si bien es cierto que en los fragmentos del tipo "Del otro lado de la puerta vaivén" es donde aflora lo memorialístico en una clave más personal (la familia, la adolescencia, las y los amantes), no alcanza para dominar la narración. Alcanza, eso sí, para mantenerla unida, para no desaparecer del todo en la sombra de la memoria ajena. La imagen resultante sería la que devuelven los fragmentos de un espejo roto y, con el avance del libro, los fragmentos parecen a su vez romperse en otros menores, multiplicándose en número.

El *blackout* al que podría aludir el título, ese hueco o "apagón"[5] que deja el abuso del alcohol en la memoria en los días posteriores

---

[5] Además del sentido propiamente alcohólico del término, y de el de "apagón" eléctrico propiamente dicho, el diccionario *Merriam-Webster* recoge otra acepción significativa para *blackout*: *a turning off of the stage lighting to separate scenes in a play or end a play or skit*. Es decir, el "fundido a negro" del teatro o el cine para separar escenas, o cerrar la última, un procedimiento estético que Moreno trasladaría al papel mediante los continuos cortes de un fragmento al siguiente. Por otra parte, escrito por separado, como en el título de la novela, *to black out* puede significar tanto el borrado voluntario de un recuerdo o un texto como la pérdida involuntaria de consciencia, visión o memoria. Esta indecisión semántica del título se suma, así, a las indecisiones genéricas y realistas de la obra en sí.

a la borrachera, es también omnipresente en una narración donde abundan las resacas y las reflexiones sobre la adicción. Los pequeños pero constantes apagones contribuyen a aumentar la inestabilidad tanto del relato como de la presunta memoria en que se basa:

> Si el olvidar es siempre una selección y edición de los recuerdos que oscilan entre los felices y los soportables, para el alcohólico gran parte de ellos pertenecen a la selección y memoria de los demás. Y existen pocas damas y caballeros dispuestos a olvidarlo todo por cortesía hacia él, que nunca podrá ser el editor de su novela porque ni siquiera recuerda haber escrito algunos capítulos. Charlie Feiling consideraba la cúspide de la grosería que, al día siguiente, se nos leyera el bando de la noche anterior con nosotros como protagonistas. (pp. 401-402)

Y si aquí la narradora/protagonista habla del malogrado C. E. Feiling, a cuya muerte dedica algunos de los pasajes más sentidos de la novela, sobre todo habla de ella. Es, como ya vimos, un procedimiento repetido en el libro: el yo que hace de testigo de otros para reflejarse en el texto, para reflotar y enunciar la individualidad, que está fragmentada; un proceso que no puede realizar de manera autónoma. La escritora que, como no controla su memoria, no controla del todo su obra, su novela, pero querría seleccionar sus materiales con una libertad de la que carece. Su memoria, como se ve en la cita anterior, estaría –parcialmente– en manos de los otros. En la constatación del precario estado en que se encuentran el yo y la propia memoria, la María Moreno de la ficción encuentra una posible vía de restauración, con y a través de los otros, los que también estaban allí mientras ella se iba rompiendo.

Es por ello que el alcohol o el alcoholismo terminan presentándose como una parte constituyente del personaje María Moreno, que, incluso cuando decide dejar la bebida, se asegura de dejar patente que no es *–no tiene por qué ser–* algo definitivo. Los estragos de la dipsomanía no se niegan, al contrario:

> Se para a cambio de nada. La melancolía de mi hijo, su largo letargo que nos echa en lechos paralelos, la amnesia de mi madre tan angustiante para ella como la del alcohólico, me mataban sin que el alcohol me calmara sino a través de sus carísimos impasses. Seguidos de una desolación donde solo podía volver a abrir la botella. (p. 252-253)

Pero Moreno se niega a caer en la mística de la redención, o en la broma jactanciosa de otros artistas exbebedores:

> Las grandes celebridades detenidas al borde del objeto que siendo el mejor y el único los estaba matando, se jactan de no haber abandonado sus razones, suelen sustituir el alcohol por su defensa, seguros de no pertenecer de ningún modo a la raza de los conversos. Parecen sangrar: "¡Volveré, y beberé millones!". Imaginar su obra sin alcohol –o su sustituto menos familiar para mí: la droga–, como imaginarla estrictamente ligada al alcohol, no tiene salida (*id.*).

La bebida, ya sea como costumbre o engranaje social, como celebración dionisíaca y como adicción (en *Black out* conviven las tres visiones), tiene una estrecha vinculación con el último de los factores principales que contribuyen a la fractura del yo narrado: el problema del *género* en su otra acepción, vinculada al sexo.

La escena argentina del periodismo cultural de los 60 y los 70, el periodo en que bucea más a menudo la memoria de Moreno, era, incluso más que muchas otras ahora, un mundo de hombres. Primero de manera sutil, luego explícitamente, se intercalan escenas de su juventud militante en las letras porteñas en las que va aumentando la disonancia en torno a su papel en los corrillos de machos, compañeros de profesión. Bebedora de firme, juerguista, de prosa rápida y agresiva, *dura*, la narradora/protagonista parece encajar en ese mundillo noctámbulo donde arrecia una liberación sexual que, como luego sugerirá, acaba por no ser (necesariamente) liberadora o, en todo caso, trascendente; la visión del amor y el sexo que se puede rescatar de los fragmentos más memorialísticos, sin llegar a ser truculenta, está teñida de la misma oscuridad y desánimo que el resto del libro.

Moreno, cuanto menos en *Black out*, padece endometriosis. Amén de otros síntomas, esta condición suele manifestarse con dolores agudos que coinciden con el periodo, y en un aumento notable del sangrado menstrual. Las profusas hemorragias acompañan a la narradora/protagonista a lo largo de todo el libro, y la manera en que terminan por cruzarse con su vida social no puede pasar desapercibida. Cuando en el primer cuarto de la novela, por ejemplo, Moreno recuerda la fundación bufa de una suerte de club de escritores-bebedores, capitaneado por Miguel Briante, la tertulia del Bár-Baro (uno de los locales donde suelen reunirse ella y otros escritores), la perspectiva de estar allí, de *pertenecer*, se vive de manera más bien jocosa, pero también, en cierto modo, triunfal:

> Los anillos de la orden *Goliathus regius* –decía [Briante]– iban a ser de alpaca, el diseño del escarabajo, en lo posible, estilizado, los miembros del club debían beber bebida blanca, ser conocedores y tener resistencia o, al menos, ingenio. Yo quería ser la única mujer, reclamaba, animada por otros claritos más flojos que los de Gorriarena y por esos momentos únicos en los que se es consciente de estar participando en una fundación. (p. 182)

Desde este punto de partida, la escena transcrita a continuación parece cobrar especial significación. Aunque la cita es larga, se comprenderá mejor completa:

> Festejaba la hora de cierre y me emborrachaba en el comedor del diario donde trabajaba. Sin señales que anunciaran mi período, me había puesto un pantalón blanco. Coqueteaba con un whisky en la mano en una mesa de varones pesados que me enorgullecía de integrar como única dama, imaginándome una igual, ignorante de

> cuánto mi presencia atemperaba sus bromas soeces, la brutalidad de sus chistes misóginos. Sentí bajar la sangre con una copiosidad nueva, la vi gotear en el suelo, bajo mi silla. Me callé. Mi ánimo igualitario se derrumbó en una vergüenza y una desesperación que impedía toda confesión y solo quería pensar cómo levantarme sin que me vieran. Terminé por hablar. Se horrorizaron y evitaron mirar en busca de evidencias. Como congelados, preguntaron si debían llamar al médico. Yo pensaba que si me ponía en pie inundaría el lugar. Me ofrecieron un piloto largo. Me cubrieron. Nadie se fijaría en mis zapatos manchados, tampoco en el piso, al menos inmediatamente. Ellos saldrían tapándome. Simulaban la angustia con patotadas. ¿Y esa vergüenza en mostrar los avatares de ser mujer en una feminista? Me puse a llorar. Lágrimas y sangre: una agitación indisimulada se expandió entre los muchachos. Ya no se atrevían a tocarme y supuse en sus mentes una proliferación de imágenes primitivas en las que el enterrado deseo edípico naufragaba en una memoria de palanganas llenas de confusos deshechos rápidamente ocultados bajo la cama, pavas hirviendo en la clandestinidad de una cocina ajena y cajas para jeringas usadas por legos de una vecindad sospechosa, todos secretos enumerados en el susurro de los chismes entre comadres. Llegó el médico y me hizo levantar con una orden sin melindres. La presencia de dos enfermeros y una camillas alertaron a los compañeros sentados en las otras mesas y los convirtieron en público. Me acosté y cerré los ojos. (pp. 301-302)

Este fragmento, colocado ya cerca del final del libro, escenifica una suerte de estallido orgánico, donde los líquidos convencionalmente asociados a la mujer desde un punto de vista biológico (lágrimas y sangre) se derraman sin remedio ante el auditorio de los varones, rompiendo un hechizo que solo operaba, en realidad, a ojos de la protagonista ("ignorante de cuánto mi presencia atemperaba sus bromas soeces [...]"). Moreno, en el presente recordado, lo vive como un escándalo. La corporeidad de lo biológico saca a la luz los viejos prejuicios misóginos: secretos, realidades domésticas ocultas; "chismes entre comadres". Y los hombres la tapan, la *cubren*: cubren lo que hacía su presencia en la mesa tolerable, celebrable incluso, porque lo femenino (orgánico y no) permanecía oculto. Salpican el párrafo cuatro oraciones simples y breves, inhabituales en el estilo de Moreno, cuatro oraciones que comienzan con el pronombre reflexivo *me*, que dibujan por si solas la secuencia del derrumbamiento, el cese del humor expansivo y el recogimiento hacía un yo interior desvalido, y encuadran el inicio y el cierre del episodio: "Me callé [...]. Me cubrieron [...]. Me puse a llorar [...]. Me acosté y cerré los ojos".

Naturalmente, y habida cuenta de la abundante bibliografía que Moreno acumula sobre feminismo y revivindicación de las identidades *queer*[6], esta no es una defensa de un binarismo de género acérrimo, ni de una necesaria identificación sexo-género; mucho menos una defensa de los viejos roles sociales de género. Es, más bien, una última fractura de ese yo escindido ya múltiples veces, esta vez en la dimensión del género, cuyo equilibrio performativo (en pocas palabras, entre los hombres se comportaba como uno más, y por tanto –casi– *era* uno más) resulta ser el más frágil de todos[7].

No parece casual, en este marco de referencia, la alusión de Moreno a esa feminidad atávica o "prediscursiva" ("[...] una memoria de palanganas llenas de confusos deshechos rápidamente ocultados", etc.) en el momento del derrumbe. El yo de la narra-

---

[6] Buena parte de estos trabajos se ha reunido en *Panfleto. Erótica y feminismo* (Literatura Random House, 2019). Además, Moreno, entre otras actividades, y junto a la directora editorial Marlene Wayar, promovió y colaboró desde el Centro Cultural Rector Ricardo Rojas con la edición de la revista *El teje*: *Primer periódico travesti latinoamericano*, cuyo primer número apareció en noviembre de 2007. (*Vid.* Méndez, 2016).

[7] Como apunta Butler, "queda patente que una de las formas de asegurar de manera efectiva la estabilidad interna y el marco binario del sexo es situar la dualidad del sexo en un campo prediscursivo. Esta producción del sexo como lo prediscursivo debe entenderse como el resultado del aparato de construcción cultural nombrado por el *género*" (Butler, *op cit.*, p. 56); la cursiva es suya.

dora/protagonista querría haberse constituido con un género ajeno, al menos en parte, al menos intermitente, pero esto iría contra las normas, que terminan por manifestarse, desde lo biológico (y desde la enfermedad) a lo social:

> Sería erróneo pensar que primero debe analizarse la "identidad" y después la identidad de género por la sencilla razón de que las "personas" solo se vuelven inteligibles cuando poseen un género que se ajusta a normas reconocibles de inteligibilidad de género. (Butler, 2007, p. 70)

Aunque *Black out* no es un libro con una geometría de la intensidad ni clara ni lineal, este es sin lugar a dudas uno de los picos dramáticos de la novela. La insinuación, velada pero constante, de una estructura narrativa subyacente con clímax y valles, como queda patente aquí, es otro motivo de peso para seguir leyendo la obra como una novela, al menos en lo tocante a la disposición y los *efectos* de su estructura y materiales internos.

3. La voz de otra, que es la propia

Sería un error grave acercarse a la obra de María Moreno sin tener en cuenta el humor ácido e incisivo que transpiran casi todos sus escritos. Aunque se apaga de manera intermitente, el suyo es un discurso que se enuncia casi siempre desde la ironía, una ironía que suele manifestarse en remaches afilados sobre los asuntos que tratan los textos pero que, sobre todo, se instituye como una capa más de la materia escrita. El objeto principal de esta ironía tiende a ser el discurso en sí mismo, como si se tratara de aquella "vocecita" que, según David Foster Wallace (otro "gran degenerado" de la narrativa, en el sentido que usaba Moreno para hablar de Bolaño) le importunaba cuando trataba de hilar sus pensamientos (*vid*. Gerchunoff, 2019, p. 10).

Buena parte de la resolución (parcial) de los conflictos que se van recrudeciendo a lo largo de *Black out* pasa, precisamente, por la ironía. Esta resolución comienza a hacerse visible a partir de las últimas cien páginas del libro, y no deja de ser llamativo que una novela tan compleja en otros aspectos estructurales funcione, en parte, con el clásico engranaje de planteamiento-nudo-desenlace (una razón más para leerla, justamente, en clave novelística). En uno de los últimos "Del otro lado de la puerta vaivén", Moreno escribe:

> Cuando bebo, de la boca a la mano y de la mano a la boca, yo no hago más que ejercer mi libertad y no estoy dispuesta a aceptar ser un caso clínico y hasta estoy a favor de exigir el agregado de una A en la serie LGTTBI [*sic*] si no tuviera el temor a una expulsión más dolorosa que la del Estado Sobrio por recibirla de los que supongo mis compañeros". (p. 353)

Casi de un plumazo, con la propuesta irreverente de añadir la A de "Alcohólicos [Anónimos]" a las siglas, Moreno resuelve la cuestión del género negando la mayor, y comienza a restaurar la unidad del propio discurso, que vuelve a ganar en solidez y autoafirmación. Y, si pudiera parecer que el alcohol o la vida desaforada se presentan como solución posible a estas tensiones, solo dos páginas después Moreno escribe: "Dejé de beber sin saber cómo, del mismo modo que no sabía cómo había llegado a despertar sin ningún recuerdo la noche pasada. Lo hice por alguien, pero eso es un secreto" (p. 355). Primero se anticipa la resolución humorística de un conflicto; de seguido, se borra la solución planteada, pero esto no anula lo anterior.

El siguiente pasaje de "Ronda" tiene, en la novela, una función claramente catártica. Allí se narra un Día de los Muertos en la ciudad mexicana de Taxco (un pasaje que ha sido tomado casi letra por letra del anterior *Banco a la sombra*). En el primer pasaje del libro, ese que no tenía titulillo, Moreno rememora de manera desordenada la agonía y la muerte de su padre. El tono es oscuro, los detalles clínicos se exponen con crudeza, y la muerte se solapa, unas páginas después, con la del amante de Gumier Maier, compañero de retiro y de bebida. En esta vuelta sobre el tema, sin embargo, las cosas son distintas: al final del fragmento, que incluye una visita al cementerio y la participación escéptica en rituales de difuntos, las tinieblas del luto parecen comenzar a disiparse: "Me acordé de mi padre [...]. Mi padre en una foto fuera de foco donde posa sentado junto a mi madre, haciéndole cuernitos con los dedos, por sobre la cabeza. Mi padre llorando por la muerte de su propio padre. En cambio, no podía recordar su cara en agonía" (pp. 383-384). La fiesta de Muertos, con los episodios y recovecos narrativos que contiene –no son pocos–, acaba funcionando como un pequeño relato casi autónomo dentro del libro, que parece resolver el duelo en emociones más amables, al final de un proceso catártico cuyo desarrollo no coincide en el tiempo narrado con el de ir retirándose de la bebida, por ejemplo, pero sí lo hace en el tiempo de la enunciación.

Poco después llega el último fragmento de *Black out*, una suerte de coda (sin título, es decir, ajena a las tres categorías habituales en la novela) de apenas una página:

> Como en un sueño, salgo del otro lado del libro con la campera de Charlie [Feiling] sobre los hombros [...]. No tengo miedo. Sé que la oscuridad en la que entro es a causa de las copas de los árboles. No debería estar segura porque nunca he pasado por aquí. Pero, lo repito: no tengo miedo [...]. [La campera] me abriga y me pesa, es decir me abriga pero me obliga a luchar un poco para mantenerme firme. Y siento una alegría feroz (*ibid.* 405).

"Una alegría feroz" parece un sintagma inusitado en el muestrario léxico de *Black out*, y su localización en el mismo final del último fragmento lo hace resaltar todavía más: hay un empuje lírico y un ritmo narrativo acelerado en las últimas cien páginas de la obra, que se disponen como un proceso de restauración de la voz y el yo destrozados, un rearme del propio discurso. Dicho proceso se evidencia no solo en el nivel semántico del texto, sino también en ese aumento de la frecuencia de cláusulas breves y oraciones simples que Moreno tiende a reservar para momentos de especial significación.

El teatral "salgo del otro lado del libro", para cerrarlo, no podría ser más elocuente: el proceso se cierra con un pasaje que funciona como un espejo de las primeras páginas, donde el tiempo se invierte y el espejo, la imagen del yo, se recompone, aunque no lo haga de manera definitiva. La oscuridad (el *blackout* sobrevenido) no produce miedo, y el texto tiene una clausura tan evidente y drástica que parece volver a restaurar, también, la división incierta entre María Moreno, la narradora/protagonista, y Cristina Forero y las otras Marías Morenos, ya "del otro lado de la puerta vaivén" de la ficción.

4. CONCLUSIÓN

El sujeto propio de la Moreno ficcional comienza a restañarse en la parte final del libro, que correspondería al desenlace en una novela más convencional, y gravita, como vimos, en torno a dos momentos climáticos: el Día de Muertos en Taxco y el episodio de la campera de Feiling, verdadero fundido a negro del relato. Ahora bien, esta *maniera* novelesca podría llevarnos a considerar que en la arquitectura de *Black out* el proceso de fractura solo se narra para poder contar luego el de restauración, es decir, que el primero sería, cuanto menos en el orden narrativo, subsidiario del segundo. Esto sería, seguramente, una lectura desviada, y nada en sintonía con las normas internas del género híbrido que Moreno ensaya aquí.

Si aproximadamente son las tres cuartas partes del libro las que están dedicadas a ahondar en las heridas o fracturas del yo, entonces, aunque de entrada esta parezca una lectura algo simple, ese es el "peso" que les corresponde en el esquema interno de la obra. Los conflictos, aquí, no operan como condiciones de posibilidad para una resolución satisfactoria, catártica, *trascendente*. Son, sencillamente, narrados, porque forman parte de una vida novelada –y, en buena medida, novelística– que la narradora/protagonista solo puede controlar parcialmente. Ello permite e implica, por ejemplo, un tratamiento narrativo más acusado de la materia biográfica, una cierta estetización que contempla la posibilidad de pequeñas intromisiones de lo ficcional en lo real: ajustes que las literaturas del yo suelen admitir, y que convienen mientras no vulneren verdades de importancia ulterior. Esta proporcionalidad más natural está en consonancia, también, con las metáforas de carácter especular que vimos antes. Si la obra se dispone como espejo de la vida, a la narración –y a su emisora– solo se le permite alterar algunos aspectos de sí misma, y solo en el terreno de la memoria.

Así, la María Moreno de *Black out* puede (re)ordenar los materiales de la biografía y agregarles algún elemento nuevo, *exobiográfico*; pero no puede seleccionar solo algunos de entre esos materiales (es decir, no puede descartar "verdades" de peso), recuperar los que le faltan, ni alterar la duración de los que posee.

Prueba de ello es que el libro no se abre con el inicio del proceso de fractura que hemos visto antes, sino más bien con el proceso en marcha, y bien avanzado incluso. La narradora/protagonista, así, termina por actuar más como testigo que como artífice de la acción. Los primeros pasos del proceso de restauración, de hecho, no terminan de ser obra directa de ella, sino, más bien, se nos presentan en el texto como cambios que le sobrevienen, que le suceden. Solo, quizá, en la toma de decisiones en torno al asunto del alcohol haya un ejercicio de voluntad más diáfano, que se transparenta en la ficción.

La metáfora del espejo roto y reparado nos sirve para comprender mejor cómo ambos procesos se dan a través de los demás, pues los materiales de la propia vida y los fragmentos de la propia identidad solo podrá recuperarlos la narradora/autora de allí, de la propia imagen reflejada en y por las vidas de otros. Es por ello que el momento crítico en que se fragmenta también su identidad de género –el episodio de la hemorragia en la redacción del periódico–, sostenida hasta entonces por el músculo de la voluntad de encajar, se da también en un espacio nada íntimo, con la protagonista rodeada de testigos que asisten al quiebre.

Cuando llega el momento final, el de la "alegría feroz", Moreno se adentra en la noche cubierta por la campera del amigo muerto, figuradamente envuelta en su piel, arropada por él; una emoción afín a la que la embarga cuando el trauma de la muerte del padre se decanta en un recuerdo más amable de él ("no podía recordar su cara en agonía"). Hay aquí una diferencia, no obstante, que resulta significativa, y es que en estas páginas finales la orientación temporal del discurso tiende al futuro. Se emprende un camino (hacia la sombra, sí, pero sin miedo) que solo parece posible tras la reparación del propio sujeto aquí descrita. El hecho de que un libro que juega a ser memorialístico, y que, aunque no lo sea en el sentido estricto, está obsesivamente orientado hacia el pasado –un pasado poblado de muertos– se cierre con un movimiento súbito y decidido hacia una vida inexplorada aún no puede pasarse por alto: un relato, una parte de vida termina; otra comienza. La narradora/protagonista no puede prometer(se) con precisión nada acerca de esa nueva vida, pero la voluntad y la esperanza están, y los fantasmas del pasado, calmados tras el tumulto de las páginas anteriores, la acompañan.

REFERENCIAS BIBLIOGRÁFICAS

Alberca, M. (2005). ¿Existe la autoficción hispanoamericana?. *Cuadernos del CILHA, 7-8 (2005-2006)*. Recuperado el 10/04/2022 de: https://bdigital.uncu.edu.ar/objetos_digitales/1095/albercacilha78.pdf

Alberca, M. (2007). *El pacto ambiguo. De la novela autobiográfica a la autoficción*. Biblioteca Nueva.

Barrenechea, A. M. (1988). La crisis del contrato mimético en los textos contemporáneos. En C. Goic (coord.), *Historia y crítica de la literatura hispanoamericana* (vol. 3), pp. 377-381.

Bolaño, R. (1996). *La literatura nazi en América*. Seix Barral.

Bolaño, R. (1998). *Los detectives salvajes*. Anagrama.

Butler, J. (2007). *El género en disputa*. Paidós.

Cátedra Abierta Roberto Bolaño. (11/05/2017). *María Moreno: "decir yo siempre estuvo de moda"* [vídeo]. YouTube. https://www.youtube.com/watch?v=wpfvwRHY3XM

El Teje. Primer periódico travesti latinoamericano (2007). Centro Cultural Rector Ricardo Rojas, Universidad de Buenos Aires.

Falco, F. (2020). *Los llanos*. Anagrama.

Gerchunoff, S. (2019). *Ironía on*. Anagrama.

Giordano, A. (2008). *El giro autobiográfico de la literatura argentina actual*. Mansalva.

González Arce, T. (2016). Del ensayo a la novela. Los procesos autoficcionales de *Papeles falsos* y *Los ingrávidos* de Valeria Luiselli. *Sincronía* (69), 254-268.

Guebel, D. (2007). *Derrumbe*. Mondadori.

Hernández, F. (2015). *Narrativa completa*. Cuenco de Plata.

Kamenszain, T. (2018). *El libro de Tamar*. Eterna Cadencia.

Licata, N. (2018). Hacia una teoría sobre la autoficción (neo) fantástica hispanoamericana: un análisis del miedo en *Wasabi* de Alan Pauls, *El gran vidrio* de Mario Bellatín y *Los ingrávidos* de Valeria Luiselli. *Todos los siglos de la lluvia: el canon en la literatura hispanoamericana*, 485-494.

Luiselli, V. (2019). *Desierto sonoro*. Sexto Piso.

Méndez, M. (2016). El Teje: Primer Periódico Travesti Latinoamericano, o de cómo resignificar cuerpos que hablen y militen. *Letras Femeninas, 42:1*, 143-155.

Molloy, S. (1996). *Acto de presencia. La escritura autobiográfica en Hispanoamérica*. Fondo de Cultura Económica.

Moreno, M. (2013). *El affaire Skeffington*. Mansalva.

Moreno, M. (2017). *Black out*. Literatura Random House.

Moreno, M. (2019). *Banco a la sombra* (ed. ampliada). Literatura Random House.

Moreno, M. (2019b). *Panfleto. Erótica y feminismo*. Literatura Random House.

Moreno, M. (2020). *Contramarcha*. Ampersand.

Piglia, R. (2015-2017). *Los diarios de Emilio Renzi* (3 vols.). Anagrama.

Riesgo, F. (2020). Un archivo intangible: acústica, identidad indígena y frontera en *Desierto sonoro*, de Valeria Luiselli. En T. Martínez Gutiérres & C. Eudave (coords.). *Imaginar el pasado, reconstruir futuros* (pp.141-164). Universidad de Guadalajara.

La huella de las poetas de la Generación del 900 en las poetas de la Generación del 45: reflejo, identidad y espiritualidad

MIRTA FERNÁNDEZ DOS SANTOS
Facultad de Letras de la Universidad de Oporto / CITCEM
mfernandez@letras.up.pt

RESUMEN

La Generación uruguaya de 45 aplicó a las letras nacionales precedentes un riguroso revisionismo del que apenas rescataron a algunos autores patrios. Usando un término acuñado por Rodríguez Monegal (1956), se puede afirmar que asumieron con gusto la condición de "parricidas" mientras bebían de las fuentes literarias norteamericanas y europeas, al tiempo que enfrentaban la creación literaria desde una postura intelectual, reflexiva y analítica poco tendente a sentimentalismos o sensiblerías. Pese a la acidez de su crítica hacia el pasado literario nacional, recuperaron y estudiaron orgánicamente y de forma, por lo general, respetuosa la obra de los escritores y escritoras de la Generación del 900 (Herrera y Reissig, Rodó, Reyles, Agustini, Vaz Ferreira) de cuyo prestigio y resonancia continental se sentían deudores y herederos. Con base en dicha afinidad intelectual, que está documentada, en este artículo se presentan los resultados de una investigación a través de la cual hemos tratado de rastrear la influencia de las poetas de la Generación del 900 (M.ª Eugenia Vaz Ferreira y Delmira Agustini) en la construcción de la identidad literaria y la obra de las poetas de la Generación del 45 (Amanda Berenguer, Ida Vitale e Idea Vilariño). En esta búsqueda hemos dado especial destaque a los puentes que se tendieron entre las poetas fundacionales y sus sucesoras a propósito del tema de la espiritualidad y sus múltiples formas de expresión. Para ello, además de sus respetivos poemarios, hemos consultado entrevistas, diarios, cartas, conferencias y textos críticos de su autoría.

PALABRAS CLAVE: *Generación del 45, Generación del 900, escritoras, identidad, espiritualidad*

ABSTRACT

The Uruguayan Generation of 45 studied rigorously the preceding national letters from which they barely rescued some national authors. Using a term coined by Rodríguez Monegal (1956), it can be affirmed that they willingly assumed the condition of "parricides" while looking for inspiration from North American and European literary sources and facing literary creation from an intellectual, reflexive and analytical position that was not very prone to sentimentality. Despite the acidity of their criticism of the national literary past, they recovered and studied organically and in a generally respectful way the work of the writers of the Generation of 900 (Herrera y Reissig, Rodó, Reyles, Agustini, Vaz Ferreira) of whose prestige and continental resonance they felt they were indebted and inheritors. Based on this intellectual affinity, which is documented, this article presents the results of an investigation through which we have tried to trace the influence of the poets of the Generation of 900 (M.ª Eugenia Vaz Ferreira and Delmira Agustini) in the construction of literary identity and the work of the poets of the Generation of 45 (Amanda Berenguer, Ida Vitale e Idea Vilariño). In this search we have given special emphasis to the bridges that were built between the founding poets and their successors about spirituality and its several forms of expression. For this, in addition to their respective collections of poems, we have consulted interviews, diaries, letters, conferences and critical texts of their authorship.

KEYWORDS: *Generation of 45, Generation of 900, women writers, identity, spirituality*

1. INTRODUCCIÓN

La elitista Generación uruguaya del 45 llevó a cabo una relectura fundamental de las letras uruguayas precedentes a través de una crítica intelectualizada que "obedece a un racionalismo analítico nada proclive a concesiones sentimentales o amorosas" (Aínsa, 2017, p. 19). Preconizadores de la austeridad afectiva en aras de la lucidez y el rigor, desde revistas como *Climanen*, *Asir*, *Número* y el semanario *Marcha*, los intelectuales del 45 repudiaron abiertamente "la poesía de corzas y gacelas" que, de acuerdo con Mario Benedetti, poblaba hasta entonces la literatura nacional (Alfaro, 1986, p. 29). También Carlos Martínez Moreno, ensayista y narrador de la Generación del 45, manifiesta su disconformidad con el exceso de subjetividad lírica, afirmando que el escritor debe evitar caer en el "sentimentalismo que abre boquetes por los que se ven estropajosas entrañas vivas" (Martínez Moreno, 1994, p. 174).

Pese a la acidez de su crítica hacia la generalidad del pasado literario nacional, muy proclive al lirismo y a la expresión franca y nada acomplejada de sentimientos, los miembros de la Generación del 45 recuperaron y estudiaron orgánicamente, de forma, por lo general, respetuosa, la obra de los escritores y escritoras de la Generación del 900 (Julio Herrera y Reissig, José Enrique Rodó, Carlos Reyles, Delmira Agustini, M.ª Eugenia Vaz Ferreira, etc.) de cuyo prestigio y resonancia continental se sentían, en cierto modo, herederos (Aínsa, 2017). Tal como señala Blanco, "el 45 simplemente desdeñó toda literatura nacional con excepción de la del 900, que ejerciera una crítica ruptura modernizadora" (2002, s/p). Y en el mismo sentido apunta Berger: "para el 45 solo teníamos como antecedente la generación del 900, nada antes[1], nada después hasta ellos" (1973, p. 209).

[1] Cabe rescatar aquí, por su carácter ilustrativo, la célebre frase de *El pozo* (1939)

Por otra parte, cabe señalar que, contrariamente a lo que podría inferirse atendiendo al rechazo de la sensiblería romántica pregonado por los intelectuales del 45, de esta generación literaria formó parte un nutrido grupo de poetas que, desde diferentes perspectivas, siguieron privilegiando en muchos de sus versos la emoción frente al racionalismo. Es el caso, por ejemplo, del propio Mario Benedetti -ya mencionado-, de Amanda Berenguer, Ida Vitale o Idea Vilariño. Así pues, la producción poética del periodo no solo relativiza las afirmaciones categóricas de la crítica coetánea, sino que permite establecer puentes entre la creación literaria de los poetas de la Generación del 45 y los de generaciones previas y posteriores en el contexto cultural uruguayo.

Partiendo de estas consideraciones previas y de la necesidad de acotar un ámbito de estudio comparado tan amplio, en la investigación que ha dado origen a este ensayo nos propusimos rastrear la influencia de las poetas de la Generación uruguaya del 900 -M.ª Eugenia Vaz Ferreira y Delmira Agustini- en la construcción de la identidad literaria y la obra de las tres grandes poetas de la Generación del 45 (Amanda Berenguer, Ida Vitale e Idea Vilariño), centrándonos especialmente en las múltiples formas de manifestación del yo y en las inquietudes espirituales expresadas en sus textos. Para ello, además de sus respetivos poemarios, hemos consultado entrevistas, diarios, cartas, conferencias y escritos críticos de las mencionadas autoras.

2. Amanda Berenguer y Delmira Agustini: fascinación y delirio

María Lucía Puppo (2018) advierte de forma lúcida que, munidas de poderosos recursos filológicos y con un incontestable espíritu crítico por bandera, las autoras del 45 "se miraron en el

---

de Juan Carlos Onetti, el gran representante de la narrativa de la Generación del 45: "Detrás de nosotros no hay nada. Un gaucho, dos gauchos, treinta y tres gauchos" (1979, p. 71), que hace alusión a la hazaña histórica de los Treinta y Tres Orientales contra el ejército brasileño, una gesta convertida en un símbolo de la identidad uruguaya.

espejo de Delmira para identificarse con su imagen, confirmar la fascinación por el personaje y su enigma, rememorar su lectura iniciática o delinear la propia obra a partir de una intensidad compartida" (2018, p. 111). De hecho, la atención crítica dispensada por las poetas del 45 a la figura y a la obra de Agustini contribuyó al debilitamiento de posturas hermenéuticas muy extendidas hasta los años 60, como, por ejemplo, la creencia de que la precoz poeta novecentista no entendía lo que escribía, una teoría que, de acuerdo con Carina Blixen, solo empezó a abandonarse cuando Ida Vitale, Amanda Berenguer e Idea Vilariño, entre otros, "empezaron a realizar una lectura de la obra delmiriana que no pretendía justificar su existencia" (Blixen, 2014, p. 183), al darse cuenta de que Agustini no solo leía (algo que sus contemporáneos pusieron siempre en entredicho), sino que "aprendía y transformaba rápidamente aquello que había recibido" (2014, p. 183).

Aunque no se puede negar la impronta de Delmira Agustini en la conformación de la identidad literaria de las poetas del 45 objeto de este estudio, es indudable que su huella ha permeado especialmente la poética de Amanda Berenguer, caracterizada por una singularidad inclasificable, en permanente proceso de construcción:

> El de Amanda fue un destino poético comparable al de Marina Tsvietáeva (1892-1941), capaz de seguir un capricho de estilo como vestir de rojo con un ramo de rosas rojas en el día de su boda. Su visión, tal un pequeño arpón o un cilio, engancha siempre algo más, engancha con otra cosa y da el salto metafórico de donde brota la imagen. (Echavarren, 2021, s/p)

Entre los varios investigadores y estudios que bucean en la fascinación de Berenguer por la imagen literaria de la autora de *Los cálices vacíos* (1913) -y que se refleja, entre otros aspectos, en el compartido desacato irreverente de vestir completamente de rojo con el propósito de "épater le bourgeois" al que alude Echavarren en la cita anterior- destaca el trabajo de la ya citada María Luisa Puppo, plasmado en el artículo "'Dos ojos de animal sombrío': apropiaciones de la poética y la figura de Delmira Agustini en la poesía de Amanda Berenguer" (2018).

En esa investigación, partiendo de la revisión de textos de diferentes etapas de la trayectoria estética y vital de Berenguer, la académica argentina encuentra concomitancias entre ambas poetas "en la recurrencia del imaginario nocturno y melancólico, el contrapunto logrado a través del ritmo y las imágenes en la lírica amorosa y la importancia de lo visual en la configuración del tejido poético" (Puppo, 2018, p. 107).

En efecto, las afinidades electivas entre ambas poetas pueden rastrearse en los temas y motivos su poética, e incluso en la actitud saturnina compartida, pero también en los trabajos críticos que Berenguer dedicó a la figura de su antecesora: el ensayo "La paradoja de lo literario en Delmira Agustini", publicado en la revista *Maldoror* (Montevideo) en 1967 y la serie de cuadernos *Delmira Agustini y su mundo*, que dirigió entre 1981 y 1982 con su hijo (Álvaro Díaz Berenguer) y con Sylvia Riestra.

Por lo que respecta a la obra poética de Berenguer, transida en sus comienzos por la poesía pura, es posible rastrear ya en su primera etapa la influencia de Delmira, especialmente en el poema "Leda", dedicado a su madre, que obtuvo un puesto muy destacado en el concurso de poesía organizado por la Sociedad Amigos del Arte en 1949 y que fue publicado en el número 508 del semanario *Marcha* de ese mismo año. La lectura comparada de esta composición y del poema "El cisne" de Delmira Agustini arroja conclusiones interesantes, entre las que destaca la perspectiva enunciadora: en ambas composiciones, a diferencia de lo que sucede en la escena mitológica clásica, la voz poética que se eleva del poema es la de Leda, que toma la iniciativa del encuentro amoroso con Zeus convertido en cisne y que, por lo tanto, no se autopercibe como víctima de una violación:

Agua le doy en mis manos
Y él parece beber fuego;
Y yo parezco ofrecerle
Todo el vaso de mi cuerpo…
[…]

Pero en su carne me habla
Y yo en mi carne le entiendo. (Agustini, 1913, pp. 40-41)

YO: Leda, lento el grave idioma mío,
lengua que el rostro con rosas festeja
y unge mi sangre con sangre de muerte,
fuerzo la gloria, oh, faisán inerte
trepo a su pluma mi hiedra bermeja,
prendo en su pecho mi regio albedrío,
yo, Leda, entre joyas de frío. (Berenguer, 1949, p. 15)

Por su parte, la figura de Delmira Agustini como referente se manifiesta por primera vez en la poética de Berenguer a través de *La estranguladora* (1998), un poema largo que evoca la inevitabilidad de la muerte y en el que se combinan el discurso conversacional y las alusiones a la mitología clásica, a través de una compleja urdimbre de referencias intertextuales. En esta composición destacan las menciones a las trágicas existencias de personajes femeninos célebres, como Frida Kahlo y Delmira Agustini:

> En el desfile de autores y criaturas literarias se presentan dos imágenes emblemáticas de la antecesora modernista: "Delmira de rojo", o sea, vistiendo el color que causaba escándalo en sus días, y Delmira en la piel de una anónima mujer charrúa como un avatar más de la Esfinge, mostrando la cara "de esa foto / tomada días antes de su asesinato". (Puppo, 2018, p. 114)

Especial destaque merece la composición poética visual "Entrevistas a Delmira", que Berenguer compuso para conmemorar el primer centenario del nacimiento de la autora de *Los cálices vacíos* en 1986 y que se publicó en la *Revista Casa de las Américas* de Cuba en 1990. En este texto Berenguer recrea, gracias a su imaginación, un diálogo presencial con su apreciada predecesora, que se le aparece recién llegada del reino de los muertos, con un discurso críptico, de tintes surrealistas, con el que responde a las preguntas de Amanda, como si de una entrevista real se tratara. En este homenaje tan original en forma de relato narrativo y visual complejo, se experimenta con múltiples aproximaciones a la imagen y a la poética de Agustini mediante montajes, citas, fotografías, evocaciones, alusiones, insinuaciones y silencios.

Un último punto de conexión entre ambas poetas es la escasa presencia de referencias espirituales o religiosas directas en sus respectivas obras poéticas. Ya en 1958 apuntaba Alvar, citado por Fernández dos Santos (2020, p. 297), que el concepto de "Dios" en la obra de Delmira Agustini se limitaba a "media docena de poemas, unas cuantas exclamaciones de sinceridad y de nostalgia, y, como en todo, un mundo entremezclado, unas intuiciones contrapuestas, una indecisión irresoluta". Una conclusión semejante podría aplicarse a la poética de Berenguer. Asimismo, las dos poetas orientales comparten una visión oscura de la existencia humana y la obsesión por la muerte. Tal como afirma Bordoli (1966), al referirse a la obra de la poeta de la Generación del 45, "desde 1963, es la angustia del mundo contemporáneo atomizando la suya, el tema dominante" (1966, p. 118). El miedo que se percibe en poemas como "El dedo en la llaga" o "Estación La Angustia" se debe fundamentalmente a la constante y externa amenaza del universal cataclismo. En cambio, la angustia plasmada en los poemas de Agustini brota del interior del sujeto lírico, de sus tensiones y contradicciones vitales.

En definitiva, por la atención que le dedicó a lo largo de su trayectoria, se concluye que en la poesía de Berenguer influyó -como inagotable manantial de inspiración- la poética de Agustini.

3. IDA VITALE: HERENCIA GENEALÓGICA Y ORIGINALIDAD

Prosiguiendo con el hilo mágico de Ariadna que nos permite orientarnos en el laberinto de nuestra búsqueda, a saber, el influjo operado por las poetas de la Generación del 900 en la construcción de la identidad literaria de las poetas de la Generación del 45, nos detenemos ahora en la figura y en la obra de Ida Vitale. Esta icónica escritora, que acaba de cumplir 100 años[2], es una de las más reconocidas y laureadas de su generación. En su envidiable historial de méritos figuran el Premio Reina Sofía de Poesía Iberoamericana (2015), el Premio Internacional de Poesía Federico García Lorca (2016), el Premio FIL de la Literatura en Lenguas Romances (2018) y el Premio Cervantes (2018) y la Medalla Delmira Agustini[3] (2019).

Pese a su célebre trayectoria, la primera constatación con la que nos deparamos al acometer la tarea de analizar la influencia de la genealogía en Ida Vitale, es que el análisis del legado de Delmira Agustini y M.ª Eugenia Vaz Ferreira en la centenaria poeta no ha recibido hasta la fecha mucha atención por parte de la crítica especializada.

Esta evidencia hasta cierto punto se comprende si tenemos en cuenta que, tal como sostiene Helena Corbellini (1997), la propia producción poética de Ida Vitale, que ha sido objeto de parabienes y aplausos por su excepcional calidad, ha sido muy poco explorada en términos críticos: “Vitale es autora de una poesía que mereció elogios desde un inicio, pero escasas ‘teorías’ acerca de los componentes de su magia” (Corbellini, 1997, p. 143). Para justificar este silencio hermenéutico en torno a su obra, se aducen razones como “lo inclasificable de su poética o la rareza de su propuesta” (Bruña, 2015, p. 29).

[2] El pasado 02 de noviembre de 2023.

[3] Se trata del principal galardón honorífico que otorga el Estado uruguayo a ciudadanos nacionales o personalidades extranjeras que contribuyan o hayan contribuido con excepcionalidad a la difusión de la cultura o de las artes.

Obsta señalar que transitar por un territorio crítico prácticamente inexplorado implica encontrarse con múltiples escollos. No obstante, en la sucinta indagación que hemos realizado y que asienta en tres pilares (las entrevistas concedidas por Vitale, sus textos críticos y su poética), hemos podido hallar algunos puntos de contacto entre ella y sus antecesoras.

Comenzando por las innumerables entrevistas que ha concedido, sobre todo en los últimos ocho años, una pregunta recurrente es precisamente la influencia que han ejercido otros autores y autoras en su trayectoria profesional e intelectual, a lo que Vitale habitualmente responde que, además de la obra de otros escritores, en su casa, en la biblioteca de su tía, "había libros de Delmira, de María Eugenia, había mucha poesía uruguaya" (Bremermann, 2017, s/p), y que por eso leyó a ambas poetas novecentistas por primera vez siendo niña. En esta misma entrevista concedida al periódico uruguayo *El observador*, Ida reconoce que en su literario entorno familiar -entre cuyas amistades se encontraba M.ª Eugenia Vaz Ferreira- se fruncía el ceño cuando surgía el nombre de Delmira Agustini en el almuerzo.

Respecto a sus preferencias personales, en otra entrevista dada al diario colombiano *El tiempo* en enero de 2020 Vitale reconoció que, entre Delmira y M.ª Eugenia, se sentía más cerca de esta última, quizás porque esta fue compañera de su tía Ida y en su casa había libros suyos dedicados. Añade, además, que M.ª Eugenia "era la hermana de Carlos Vaz Ferreira, que era un poco el Unamuno uruguayo" (Díaz-Granados, 2020, s/p), dando a entender que el prestigio social de la familia Vaz Ferreira pudo influir tanto en la opinión de su familia como en la suya propia.

Más allá de esta circunstancia -casi anecdótica- consideramos que la predilección de Vitale por M.ª Eugenia Vaz Ferreira tiene que ver sobre todo con la contención de su estilo y de su lenguaje poético, totalmente opuestos a los de la siempre excesiva y atribulada Delmira. Especialmente en la última etapa de su producción poética, Vaz Ferreira apuesta por la depuración expresiva, por desprenderse de todo lo que sea accesorio: "se vuelve más intimista, retira la decoración, se despoja de los velos" (Pléitez, 2009, p. 101).

Esta actitud de comedimiento frente al trabajo poético concuerda con la de Vitale, que atribuye una singular importancia a la densidad semántica y al poder de las palabras, de ahí la importancia de su adecuada selección y ubicación en el texto. Así, Vitale afronta la elaboración del poema como una delicada y aséptica operación quirúrgica minuciosamente calculada. No en vano ha llegado a declarar[4] que para ella "la obra de arte nace siempre por cesárea":

> El misterio del poeta establecerá la justeza de ese corte primero, desprendimiento necesario de un todo secreto, y de ese corte último, que es o el final de la inspiración o el final de la paciencia o la consciencia, la seguridad de que hay que ser breve. (Vitale, 2021, s/p)

En ese sentido, se puede afirmar que la conjugación de una exacerbada percepción sensorial de raíz simbolista y de una cristalización de índole conceptual recorre y hermana las producciones poéticas de Vaz Ferreira y de Vitale.

El rigor lúcido, preciso y depurado que caracteriza a Ida Vitale como poeta permea también su labor como académica, de modo que existe entre ambas facetas una indiscutible coherencia. Por ello, en su papel de crítica de la figura y la obra de Agustini, en la conferencia titulada "Delmira Agustini o el tránsito sensible entre la realidad y el mundo imaginado", pronunciada en la Sociedad Amigos del Arte en 1963, que fue publicada por primera vez en el diario *Época* en agosto de ese año y recuperada en 1986 para so-

---

[4] Palabras proferidas por Ida Vitale en la inauguración de la 13.ª edición del Festival Internacional de Literatura de Buenos Aires (FILBA), el 20 de octubre de 2021. Partes del texto fueron publicadas al día siguiente en la agencia nacional de noticias *Télam Digital* (Argentina) por la periodista Claudia Lorenzón: https://bit.ly/48jLD0x.

lemnizar el primer centenario del nacimiento de Agustini[5], Vitale enjuicia negativamente el lenguaje poético de su predecesora, que considera artificioso, afectado y plagado de imágenes de desmesura, si bien admite que estos excesos verbales no eran un fenómeno exclusivo del estilo de Delmira, sino que eran algo común en el discurso literario de los escritores del Novecientos, protagonistas de un periodo literario brillante que, en su opinión, empezó a morir por el abuso de palabras como "plintos, pomos, néctares, embeleso o presea" (Vitale, 2014, s/p).

Como contrapunto, entre las sombras retóricas del estilo delmiriano, Ida Vitale percibe la presencia de "destellos de asombrosa poesía", fruto de la intuición, cada vez más habituales a medida que avanza en su obra. Por consiguiente, de acuerdo con su criterio crítico, "Delmira no escapó a la confusión reinante y permitió que en su poesía se entremezclaran las más deslumbrantes luces con las mayores opacidades" (Vitale, 2014, s/p), lo que hizo que su propuesta estética se situara en un punto de "alta tensión poética" que su prematura muerte le impidió superar.

En cuanto a sus respectivas poéticas, a pesar de las divergencias ya mencionadas en relación con el estilo y, más precisamente, con la búsqueda de la precisión verbal, nuestra investigación nos ha permitido hallar zonas de convergencia entre Agustini y Vitale en temáticas como el amor, la muerte y la mitología.

Centrándonos en la mitología, cabe precisar que las figuras más visitadas en la obra de Vitale son Ariadna y Penélope, como representaciones de la mujer que teje y que sabe, de acuerdo con la interpretación de Fernández Zambudio (2019), mientras que, pese a evocar ocasionalmente a Eolo, Helena, Pigmalión o Leda, entre otros, el mito más recurrente en la poética de Agustini es Eros, como ídolo inspirador que ejerce su dominio sobre el campo del

---

[5] Bajo el título "Los cien años de Delmira Agustini", esta conferencia se incorporó al acervo de la Biblioteca Virtual Miguel de Cervantes en 2014. Se puede consultar en el siguiente enlace: https://bit.ly/47jEjR7.

ensueño poético y que es también el generador del "insomnio creativo" (Trambaioli, 2014) en la autora de *Los cálices vacíos*.

Por otra parte, ambas poetas coinciden también en la selección de motivos como la imaginería vegetal (la rosa de Vitale frente al lirio delmiriano), que transmiten sensualidad, o el léxico sensorial, con predominio de la vista, como "el sentido que pone en marcha la escritura" (Saad, 2017, p. 43), dando especial destaque a la forma y al color, expresados con frecuencia a través de brillantes sinestesias.

Un último aspecto que es necesario abordar, atendiendo a los objetivos de nuestra investigación, es que, aunque en la poética de Ida Vitale, al igual que en la de Amanda Berenguer, apenas transparecen preocupaciones por temas como la religión, el misticismo o la espiritualidad[6], algo que, por otra parte, concuerda con el perfil intelectualizado y racional de los miembros de la Generación del 45, su propuesta estética está muy alejada del tono soturno y pesimista tanto de M.ª Eugenia Vaz Ferreira como de Delmira Agustini. A riesgo de establecer un manido paralelismo con su apellido, afirmamos, pues, que la poesía de Ida Vitale transborda vitalidad, deslumbramiento y optimismo. Es, por consiguiente, un canto franco a la vida.

Cabría señalar, no obstante, una excepción: en el poemario *Tiempo sin claves* (Tusquets, 2021), que Vitale publicó a los 98 años y que, según ella misma ha anunciado, será el último de su producción lírica, sí se percibe -como es lógico, atendiendo a su avanzada edad- la preocupación de la poeta por el paso del tiempo, el advenimiento de la vejez, la rememoración melancólica de los seres perdidos y la prefiguración de la muerte. En ese sentido, el poema "Renuente", incluido en dicha colección, ilustra sin amba-

---

[6] Como advierte Bruña (2015), en la obra de Vitale, los interrogantes acerca de lo insondable, la transcendencia o el sentido de la vida se concentran en sus primeros libros, donde ya se comienza a presentir una eventual respuesta, aún inestable, en el amor y en el más allá que brinda el lenguaje poético, en tanto ente sagrado, superior y autónomo: "El mayor miedo a ese tiempo futuro en que el cuerpo se precipitará, irrevocablemente, a 'tierra oscura' se concreta en la pérdida del lenguaje, de la materia vivida vuelta una semántica de afectos e inflexiones expresivas (2015, p. 33).

ges el desprendimiento terrenal de Vitale, disfrazado de una velada nostalgia, que suena casi a despedida:

> Después de los ochenta,
> rechazarás el azafrán y el chile,
> desde siempre las innobles sandías,
> las mentiras del arte del falsario.
>
> Dejarán de angustiarte
> las teorías estéticas,
> la maldad del azúcar,
> el ego, las historias
> que la gente se inventa
> para alegrar el suyo,
> la inabarcable gira
> de ajenas cacerías.
>
> Mira las piedras y las hojas,
> umbrales de la paz,
> sin olvidar que
> sobre el descuido
> alguien aguarda tu caída inerte. (Vitale, 2021, p. 22)

En suma, por lo expuesto en esta sección se infiere que, si bien el peso genealógico de las poetas del 900 tuvo un cierto influjo en sus primeras lecturas, no ha marcado en exceso la identidad poética de Ida Vitale, cuya original voz lírica ha logrado transitar exitosamente por senderos apenas explorados por aquellas.

4. Idea Vilariño: "Nada de dios", "Mi poesía soy yo"

Nuestro recorrido en pos de la huella dejada por Delmira Agustini y M.ª Eugenia Vaz Ferreira en la construcción de la identidad literaria de sus sucesoras de la Generación del 45 culmina con el análisis del influjo de las dos poetas del 900 en el itinerario vital y estético de Idea Vilariño, otra de las grandes figuras de la cultura uruguaya del último siglo.

Dueña de una voz lírica inconfundible, la polifacética Idea Vilariño desdobló su actividad profesional en diversas áreas, de la poesía a la docencia, pasando por la investigación y una comprometida militancia civil y política, sobradamente conocida en el contexto latinoamericano.

Es la suya una poesía austera, descarnada y sombría -pero también hermosa- que sobresale sin pretensiones ni artificios entre el espeso boscaje de la lírica escrita en lengua española:

> Podríamos decir que estamos en presencia de una escritura de la omisión y de los espacios vacíos, de una escritura que otorga tal grado de combustión y magnetismo a las poquísimas palabras que emplea, que, junto a esos núcleos de sentido, diseminados como antiguas raíces retorcidas en una tierra yerma, prontamente se congregan las imágenes más variadas del amor o del dolor. (Gregorich, 2002, p. 10)

Pese a que Gregorich añade que la de Vilariño, además del amor y del dolor, es también una poesía "de la condición femenina" (2002, p. 11) y no una cualquiera, sino la más notable de la literatura uruguaya contemporánea, en 1996, en una entrevista concedida a Mario Jacob, que forma parte del documental "Idea"[7], la poeta afirmaba con convicción que no se sentía vinculada a la poesía de mujeres y que, en ese sentido, aunque muchas veces se lo habían dicho, quizás por el erotismo compartido, no había sentido nunca influencias de Delmira en su creación poética.

---

[7] Documental completo disponible en https://www.youtube.com/watch?v=KahxRa2tIak.

Resulta sorprendente esta aseveración tan categórica, dado que, por lo que se desprende de la investigación que hemos realizado, existen muchas concomitancias entre Delmira e Idea.

En primer lugar, ambas empezaron a escribir en la infancia y su vocación literaria fue alentada por su familia. En el caso de Delmira, biógrafos y críticos coinciden en señalar que sus padres le procuraron un ambiente seguro y relajado para que pudiera dedicarse a la tarea de escribir, sin preocupaciones externas y, además, financiaron la edición de todos sus poemarios. Por su parte, en la entrevista concedida a Jorge Albistur en 1994, que aparece recogida en el libro *Idea: la vida escrita*, publicada en Montevideo en 2007 por la editorial Cal y Canto, Idea reconoció la importancia de la gravitación de la figura de su padre, Leandro Vilariño -lector compulsivo y también escritor- tanto en su formación artística como en su vocación lectora: "Fomentó, sin duda, mi gusto y mi hábito por leer poesía, pero nunca me incitó o me indujo a escribir" (Albistur, 2007, p. 28).

Un segundo punto de convergencia entre Agustini y Vilariño es su gusto por verse retratadas a través de la fotografía, como forma de autoconfiguración de su propia imagen personal y literaria. Este interés común no solo permite vincularlas, sino que, además, entronca con el narcisismo del dandi, tan en boga en el contexto finisecular rioplatense. En ese sentido, la apertura de posibilidades que trae consigo la invención de la fotografía -a finales de la década de 1830- en la tarea de modelación y reinterpretación del propio yo contribuye significativamente a la creación y proyección de la figura del dandi, sea hombre o mujer, que se sirve de su imagen para exhibirse ante los demás:

> El cuerpo, y la manera de vestirlo, de cubrirlo, constituye un sueño de inmortalidad, una invitación del deseo, a la seducción de otros cuerpos y, sobre todo, un espectáculo. En el contexto del siglo XIX [...] esta nueva forma artística de la fotografía se percibe paulatinamente como un modo de diferenciación, a medida que se arroga de un discurso autolegitimador y de una autoridad estética. (Bruña, 2005, p. 90)

La cantidad de imágenes personales que contiene el archivo fotográfico de Delmira Agustini revela que la poeta no era ajena al ideario estético surgido a finales del siglo XIX, que fue tan hábilmente recreado por Rubén Darío en *Los raros* (1896): el artista trata de perfilar su vida en virtud de su obra y persigue el ideal de que ambas realidades lleguen a confluir, autoconstruyendo así su mito y leyenda.

En cuanto a Idea Vilariño, si bien en su contexto sociocultural -a diferencia del de Delmira- la fotografía era ya un arte plenamente democratizado, sus "papeles" ponen de manifiesto la misma fascinación por el reflejo fotográfico de su propia imagen. Un buen ejemplo de ello es el libro *Idea Vilariño: la vida escrita*, antes mencionado, un proyecto concebido por Alberto Oreggioni y coordinado por Ana Inés Larre Borges, en el que la propia Idea participó. Este libro es indudablemente un "testimonio elocuente de su pasión por contemplarse en las fotos" (Blixen, 2014, pp. 192-193). En efecto, la portada del libro la ocupa una fotografía de gran tamaño de la poeta, tomada en 1939, mientras que en las guardas interiores se recogen más de cuarenta autorretratos compuestos y ordenados por ella y guardados y reproducidos en el mismo orden en sus álbumes personales. Cabe señalar que todas las fotografías muestran a una Idea relativamente joven (la primera es de 1937 y la última, de los años sesenta), pese a que el libro se editó en 2007. Además del claro narcisismo, compartido con Delmira, esta decisión de incluir en el libro solo imágenes de su juventud refleja su acentuada conciencia del carácter efímero de la belleza física y, en última instancia, de la vida. De esta manera, estos registros fotográficos parecen operar en la percepción de Idea Vilariño como una vía de escape de la siempre perdida batalla contra el paso del tiempo.

El tercer aspecto que permite establecer un paralelismo entre ambas escritoras es la censura que ambas sufrieron por su discurso literario, que, en distintos momentos, llegó a considerarse atrevido, indecoroso e incluso subversivo, más por haber salido de la pluma y del ingenio de poetas mujeres que propiamente por su contenido, que hoy en día no resulta especialmente incendiario.

Delmira tuvo que lidiar con la censura del medio cultural de fin de siglo, del que se fue sintiendo cada vez más excluida a medida que su discurso poético se iba volviendo más erótico, un rechazo del que ella era plenamente consciente, tal como se infiere de la lectura de la carta enviada a Alberto Zum Felde en 1914, pocos meses antes de su asesinato:

> Cantaré más porque me siento menos sola. El mundo me admira, dicen, pero no me acompaña. El mundo -hasta amándome- tiene para mí en los ojos una fatal dilación de miedo. Ud. ha visto plenamente el revés blanco de mi veste roja. Y es un dulce milagro el de sentirse comprendida cuando se ha nacido para desconcertar. (Larre, 2006, p. 73)

También Manuel Ugarte, años más tarde, dejó testimonio escrito del desconcierto que produjo a comienzos del siglo XX la brusca aparición de Delmira Agustini en el panorama cultural rioplatense:

> Marcaba una reacción tan decisiva contra el verso muerto, técnico y sin alma de los que creen hacer poesía y no hacen más que literatura; rompía de tal suerte con los cánones dentro de los cuales se hallaba obligada a moverse entre nosotros la mujer; abría, sobre todo, tan nuevos horizontes regionales, que consternó al público. [...] La espontaneidad salvaje y el fuego sensual de sus versos levantaron en seguida en torno [a ella] una especie de barrera sanitaria. Las almas apocadas se alejaron de ella como de un foco de perdición. (Ugarte, 1947, pp. 68-69)

Por su parte, Idea Vilariño decidió renunciar a su colaboración asidua con el legendario semanario *Marcha* en 1955, después de que el director de la publicación, Carlos Quijano, le censurara -por pornográfico- un verso del poema "El amor", de 1952, posteriormente incluido en el poemario *Nocturnos* (1955), que decía: "un pañuelo con sangre semen lágrimas". De acuerdo con Forn (2009), los reparos de Quijano tenían más que ver con el hecho de que el poema lo firmara "una mujer sola" (2009, s/p) que con la referencia al líquido seminal.

Otra afinidad entre Delmira e Idea es que, de alguna manera, sus circunstancias biográficas, especialmente su vida sentimental, opacaron la recepción crítica inmediata de su obra. Como es bien sabido, tanto la atípica vida de Agustini como su trágica muerte generaron ríos de tinta que hasta hace relativamente poco no han dejado de fluir y que impidieron durante décadas un análisis objetivo de su poesía. En el caso de Idea, su relación de "9 noches en 11 años" con Juan Carlos Onetti, que ella misma en su diario, haciendo alarde de su célebre sarcasmo, no exento de amargura, definió como "el infierno en la calle Durazno", fue un arma de doble filo: por un lado, le dio un protagonismo en el medio cultural y literario uruguayo del que probablemente no había gozado hasta entonces[8], pero, por otro lado, Onetti fue una sombra demasiado alargada de la que Idea nunca pudo librarse y que, en cierto modo, eclipsó su imagen pública.

En otro orden de ideas, en cuanto a su poética, más allá de los temas comunes (el amor, la muerte, el erotismo o la soledad, que ya han sido apuntados por la crítica especializada), Blixen (2014), señala, entre otras, las siguientes semejanzas entre Delmira Agustini e Idea Vilariño:

> [...] la manera compulsiva y tumultuosa de escribir, pisándose; la conciencia del poema como una entidad sonora y la búsqueda acuciosa de una idea o un concepto al que se llega a través de un proceso que parece provocar iluminaciones, la concepción de sus libros como un todo: la particular manera que tiene cada una de recogerse a sí misma en cada publicación. (Blixen, 2014, p. 180)

[8] De hecho, tal como recuerda la poeta en su diario, en la entrada correspondiente al día 14 de febrero de 1959, Onetti llegó a acusarla de fingir el enamoramiento con miras a dejar inscrito otro gran idilio en la historia de la literatura. (Larre, 2007, p. 77)

Las diferencias de estilo son también muy evidentes: si la exacerbada imaginación de Delmira actuaba como una potencia amplificadora al nivel de las ideas y de su forma de expresión, en todo semejante a un río desbordado, Vilariño despoja al lenguaje de todo lo accesorio, se afana en las posibilidades rítmicas de sus composiciones y lleva a cabo una enérgica labor de depuración y síntesis, con el objetivo de transmitir cada vez más emoción con menos palabras, haciendo de la contención expresiva el principal rasgo de su poética.

Su expresión certera y comedida, casi minimalista, y la sobriedad a la hora de expresar sus sentimientos vinculan, en cambio, los estilos de Idea Vilariño y de M.ª Eugenia Vaz Ferreira, la otra gran precursora de la Generación del 900, con la que también comparte la tendencia a poetizar lo cotidiano, el pesimismo, la angustia existencial y la preferencia por los desoladores escenarios poéticos nocturnos.

Sin embargo, algo que diferencia indudablemente a las tres poetas es su diferente percepción de la espiritualidad: mientras que para Delmira Agustini, como ya se ha señalado, la búsqueda del sentido de la existencia un tema poco relevante, que apenas encuentra acomodo en sus versos, M.ª Eugenia se caracteriza por la "austeridad y rigidez de sus convicciones religiosas católicas" (Pléitez, 2009, p. 71), que se trasladan a su obra. Por su parte, Idea defiende, de forma coherente a lo largo de toda su vida, el nihilismo al afirmar que "Dios es un problema que no existe"[9]. Existe una gran congruencia en su actitud de negación de la existencia de Dios, puesto que ya en su poema "Playa Girón" (1961) del libro *Pobre Mundo*, publicado en 1966, se refería a él en estos términos:

---

[9] Frase pronunciada por Idea Vilariño en el documental "Idea", dirigido por Mario Jacob (1997) y recuperada por Elena Poniatowska en su texto "La suplicante", en el que repasa su entrevista a la poeta uruguaya, realizada en 2001 en Montevideo. (Poniatowska, 2007, p. 131)

Porque tiene otros fines como Dios
como dicen los curas que su dios
tiene otros altos fines misteriosos
otros planes en que entran Hiroshima,
España Argelia Hungría y todo el resto
en que entran la injusticia la opresión
el abandono el hambre el frío el miedo
la explotación la muerte
todo el horror todo el dolor del hombre. (Vilariño y Larre, 2002, p. 242)

A propósito de los versos anteriores, en la entrevista realizada por Jorge Albistur en 1994, este le preguntaba a la poeta por el sentido del cuestionamiento expresado en la composición "Playa Girón" y su relación con lo que Víctor Hugo denominaba "lógica de Dios" o con las posibles borrascas de una fe. La respuesta de Idea resulta, una vez más, consistente con su proclamado ateísmo:

> En cuanto al concepto de Dios, nada de Dios. Estaba simplemente empleando esos altos fines incomprensibles, tan a menudo invocados, de un dios innecesario e increíble como elementos comparantes del absurdo de la injusticia y del dolor humanos, de la brutalidad irracional y sin perdón de los hechos mencionados. (Albistur, 2007, p. 35)

Finalmente, como cierre de este epígrafe, es insoslayable mencionar la actividad de Idea Vilariño como docente y crítica literaria, puesto que también ella -tal como Amanda Berenguer e Ida Vitale- estudió académicamente el contexto de producción y recepción de la obra de Delmira Agustini, lo cual es un indicio más de su preferencia exegética por el legado de la autora de *Los cálices vacíos*, frente al de M.ª Eugenia Vaz Ferreira. Así, cabe destacar su contribución al *Diccionario de Literatura Uruguaya*, para el que preparó en la década de setenta dos fichas: una sobre Delmira Agustini, que se incluyó en el Tomo I (1987), y otra sobre *Los cálices vacíos*, publicada en el Tomo III (1991). Posteriormente, en 1986 (año del primer centenario del natalicio de Delmira), Vilariño le dedicó en *Brecha* el artículo titulado "Una amorosa", rescatando así el texto de una ponencia previa que había impartido en México en 1981; en 1987, tras su regreso como docente a la Facultad de Humanidades de la UDELAR, labor que se había visto interrumpida por la dictadura, retomó la figura y la poética de Agustini como parte de los contenidos de su curso de Literatura Uruguaya; ya en 1998, estimulada por su interés en la correspondencia de su precursora, publicó la obra *Poesía y correspondencia de Delmira Agustini*, para la que recuperó, a modo de prólogo, el artículo editado en *Brecha* años atrás. Por último, en 2006 prologó la edición de *Cartas de amor de Delmira Agustini*, a cargo de Ana Inés Larre Borges. En este texto, influida seguramente por su activa militancia cívica y sus férreos principios políticos, Idea pone el foco en la faceta política y militante de Manuel Ugarte, uno de los interlocutores epistolares de Agustini incluido en aquella edición de su correspondencia.

En síntesis, esta investigación nos ha permitido encontrar evidentes puntos de convergencia entre Idea Vilariño y sus predecesoras de la Generación del 900. Aunque siempre negadas por ella, son especialmente notorias las coincidencias biográficas, temáticas y estilísticas entre Vilariño y Agustini, para quienes la poesía era, sobre todo, identidad y compulsión. Así lo reconocía Idea en 2001, en la entrevista concedida a Elena Poniatowska:

> La poesía, Elena, fue una conmigo siempre. La viví naturalmente, como algo inevitable, privado, que no me daba ningún realce y la hacía sin deliberación, sin proponérmelo, como lo hice después, como lo he hecho siempre. [...] Necesito decir algo; eso es compulsivo. [...] No sé cómo decirte qué es la poesía para mí. Es una forma de ser, de mi ser. Todo lo demás de mi vida son accidentes. [...] La poesía no fue accidental. Mi poesía soy yo. (Poniatowska, 2007, p. 131)

5. CONCLUSIONES

El principal objetivo de la investigación cuyos resultados se incluyen en este ensayo era rastrear la posible influencia de las poetas de la Generación del 900 (M.ª Eugenia Vaz Ferreira y Delmira Agustini) en la construcción de la identidad literaria, la percepción de la espiritualidad y la obra de las tres grandes poetas de la Generación del 45 (Amanda Berenguer, Ida Vitale e Idea Vilariño). Con este propósito, consultamos sus respectivos poemarios y otros materiales, como entrevistas, cartas, diarios y textos críticos de las autoras de la "generación crítica" sobre las poetas novecentistas.

Una de las principales conclusiones arrojadas por nuestra indagación es que, aunque ambas se consideran precursoras de las redes de escritoras latinoamericanas que se tejieron en las primeras décadas del siglo XX en el Cono Sur, en las poetas de la Generación del 45, la impronta de Delmira Agustini es mucho más intensa que la de M.ª Eugenia Vaz Ferreira, lo que probablemente se debe a que la figura literaria de Agustini -ya sea por la excepcionalidad de su obra o por las circunstancias que marcaron su vida y, fundamentalmente, su muerte- ha alcanzado una proyección nacional e internacional mucho mayor que la de Vaz Ferreira, una poeta que no ha recibido mucha atención por parte de la crítica. Esto se debe, en parte, al hecho de que M.ª Eugenia siempre "adoptó una actitud descuidada y excéntrica" (Pléitez, 2009, p. 50) respecto a su obra poética; por otro lado, en su descargo, es necesario admitir que también fue eclipsada por la fuerza con la irrumpieron en el ambiente literario rioplatense, primero, Delmira Agustini y, pocos años más tarde, Juana de Ibarbourou.

Pese a ello, aunque la influencia de M.ª Eugenia es manifiestamente menor, los puentes que se tendieron entre su legado y las poetas del 45 tampoco se pueden ignorar. En ese sentido, es posible reconocer la huella de Vaz Ferreira en la formación lectora de Ida Vitale o en la densidad semántica compartida, así como en el tono sombrío, lacónico y contenido de los poemas de Idea Vilariño.

En lo concerniente a las inquietudes espirituales y su plasmación en el terreno literario, a través de esta investigación hemos podido constatar que se trata de una cuestión poco abordada por las poetas estudiadas. Existen, con todo, algunas excepciones y diferencias entre ellas. Así pues, mientras en la obra de Delmira Agustini es una temática apenas explorada, M.ª Eugenia Vaz Ferreira, en cambio, logró transferir sus firmes convicciones católicas a su poética. En cuanto a las autoras del 45, siguieron, por lo general, la pauta marcada por la actitud crítica y racionalista de los miembros de su generación literaria, lo cual les hizo adoptar una postura escéptica frente a la espiritualidad en sus diversas manifestaciones. En ese sentido, Idea Vilariño hizo público su ateísmo a través de sus diversas facetas profesionales; Amanda Berenguer prácticamente ignoró esta temática en su obra, pese a la notoria influencia del existencialismo en su itinerario vital; e Ida Vitale solo proyectó sus preocupaciones espirituales en la etapa inicial de su trayectoria poética, si bien estas parecen haber asomado de nuevo en su último poemario, *Tiempo sin claves* (2021).

En definitiva, se puede afirmar que, en efecto, Agustini y Vaz Ferreira actuaron como reflejo en la construcción de la identidad, en la obra hermenéutica y en la producción poética de las escritoras de la Generación del 45. Tal como hemos demostrado a lo largo de este ensayo, su huella es más nítida en Berenguer y en Vilariño y más tenue en Vitale.

Por consiguiente, haciendo una lectura genealógica, se puede considerar a las escritoras del 45 descendientes directas de aquel "surco ardiente" que imaginaba Agustini (1913, p. 25), donde podía nutrirse la simiente de la que emergería "otra estirpe", "una raza nueva" de mujeres: poetas, libres y celebradas. Una flamante progenie femenina que, por cierto, fue invocada de nuevo, años más tarde, por Amanda Berenguer en su célebre poema "La estranguladora" (1998):

[...] y tenías puesta la cara de Delmira
la de esa foto tomada días antes de su asesinato

sobre tu sexo de gran felino
espejeaban tus ojos de pájaro altanero
bajo tu cola de noche filósofa
alquimista
de sierpe encubridora
"donde puede nutrirse la simiente
de una estirpe sublimemente loca"
dejó escrito Delmira.

ahí estaba la Esfinge
La Estranguladora

REFERENCIAS BIBLIOGRÁFICAS

Agustini, D. (1913). *Los cálices vacíos*. O. M. Bertani.

Aínsa, F. (2017). La generación del 45: lúcidos, críticos y... poetas. En M. J. Bruña Bragado (Ed.), *Vértigo y desvelo: dimensiones de la creación de Ida Vitale* (pp. 13-24). Ediciones Universidad de Salamanca.

Albistur, J. (2007). Entre la pasión y el escepticismo: partida en dos. Entrevista a Idea Vilariño. En A. I. Larre Borges (Ed.), *Idea Vilariño: la vida escrita* (pp. 20- 35). Cal y Canto.

Alfaro, H. (1986). *Mario Benedetti*. Ediciones Trilce.

Alvar, M. (1958). *La poesía de Delmira Agustini*. Escuela de Estudios Hispano-Americanos/ Consejo Superior de Investigaciones Científicas.

Berenguer, A. (1949, 16 de diciembre). Leda. *Marcha, 508*, 15.

Berenguer, A. (1967). La paradoja de lo literario en Delmira Agustini. *Maldoror,* (1), 25-28.

Berenguer, A. (1990). Entrevistas a Delmira. *Revista Casa De Las Américas,* (181), 54-58.

Berenguer, A. (1998). *La estranguladora*. Cal y Canto.

Berger, P. L. (1973). *The homeless mind*. Random House.

Blanco, E. (2002). Los fragmentos del 45 uruguayo. En Associação Brasileira de Hispanistas (Ed.), *Proceedings of the 2.º Congresso Brasileiro de Hispanistas* (s/p). Associação Brasileira de Hispanistas. https://bit.ly/3vpb0zu

Blixen, C. (2014). Delmira: el "sensitivo espejo". *Revista de la Biblioteca Nacional de Uruguay, 1*(9), 179-196.

Bordoli, D. L. (1966). *Antología de la poesía uruguaya* contemporánea. *Tomo II*. Departamento de Publicaciones de la Universidad de la República.

Bremermann, E. (2017, 24 de septiembre). Ida Vitale: la vida en verso. *El observador*. https://bit.ly/3TPd8um

Bruña Bragado, M. J. (2015). *Todo de pronto es nada*. Ediciones Universidad de Salamanca.

Bruña Bragado, M. J. (2005). *Delmira Agustini: dandismo, género y reescritura del imaginario modernista*. Peter Lang.

Corbellini, H. (1997). Ida Vitale: la revelación exacta. En H. Raviolo, & P. Rocca (Eds.), *Historia de la literatura uruguaya contemporánea. Tomo II: Una literatura en movimiento (poesía, teatro y otros géneros)* (pp. 143-163). Ediciones de la Banda Oriental.

Díaz-Granados, F. (2020, 27 de enero). Ida Vitale, el brillo de una poeta. *El tiempo*. https://bit.ly/3H7m32Y

Echavarren, R. (2021). Amanda revisitada. *RM. Revista digital de periodismo cultural, 1*(3), s/p.

Fernández dos Santos, M. (2020). *El profundo espejo del deseo: nuevas perspectivas críticas en torno a la poética de Delmira Agustini*. Verbum.

Fernández Zambudio, J. (2019). Mujeres que tejen y saben en la poesía de Ida Vitale. *Impossibilia, 1*(18), 165-185.

Forn, J. (2009, 07 de agosto). Idea Vilariño: una mujer entera. *Página 12*. https://bit.ly/41J2ZRM

Gregorich, L. (2002). Introducción. En I. Vilariño, & A. I. Larre Borges (Eds.), *Poesía completa* (pp. 7-12). Cal y Canto.

Jacob, M. [Mario Jacob]. (2018, 03 de octubre). *Idea* [Vídeo]. YouTube. https://www.youtube.com/watch?v=KahxRa2tIak

Larre Borges, A. I. (2007). *Idea Vilariño: la vida escrita*. Cal y Canto.

Larre Borges, A. I. (2006). *Cartas de amor y otra correspondencia íntima de Delmira Agustini*. Cal y Canto.

Lorenzón, C. (2021, 21 de octubre). Ida Vitale: "El poema es la interrupción noble de un silencio". *Télam Digital*. https://bit.ly/48jLD0x

Martínez Moreno, C. (1994). Las vanguardias literarias. *Literatura uruguaya. Tomo I* (pp. 169-195). Cámara de Senadores.

Onetti, J. C. (1979). *Obras completas*. Aguilar.

Pléitez Vela, T. (2009). *"Debajo estoy yo". Formas de la autorrepresentación femenina en la poesía hispanoamericana (1894-1954)* (Publicación n.° 2445/35041) [Tesis doctoral, Universidad de Barcelona]. Repositorio Digital de la Universidad de Barcelona.

Poniatowska, E. (2007). La suplicante. En A. I. Larre Borges (Ed.), *Idea Vilariño: la vida escrita* (pp. 130-131). Cal y Canto.

Puppo, M. L. (2018). "Dos ojos de animal sombrío": apropiaciones de la poética y la figura de Delmira Agustini en la poesía de Amanda Berenguer. *Boletín de Literatura Comparada de la Pontificia Universidad Católica Argentina*, *1*(43), 107-122.

Rodríguez Monegal, E. (1956). *El juicio de los parricidas. La nueva generación argentina y sus maestros*. Deucalión.

Saad, G. (2017). Sensualidad e inteligencia del mundo en la poesía de Ida Vitale. En M. J. Bruña Bragado (Ed.), *Vértigo y desvelo: dimensiones de la creación de Ida Vitale* (pp. 39-50). Ediciones Universidad de Salamanca.

Trambaioli, M. (2014). *La estatua y el ensueño: dos claves para la poesía de Delmira Agustini*. Biblioteca Virtual Miguel de Cervantes. https://bit.ly/41HzuQx

Ugarte, M. (1947). *Escritores iberoamericanos de 1900*. Vértice.

Vilariño, I. (1986). Delmira Agustini (1886-1914). Una amorosa. *Brecha*, *1*(47), 29.

Vilariño, I. (1987). Delmira Agustini. En A. F. Oreggioni (Dir.), *Diccionario de Literatura Uruguaya. Tomo I* (pp. 28-31). Arca.

Vilariño, I. (1991). Los cálices vacíos. En A. F. Oreggioni (Dir.), *Diccionario de Literatura Uruguaya. Tomo III* (pp. 309-311). Arca.

Vilariño, I. (1998). *Poesía y correspondencia de Delmira Agustini*. Ediciones de la Banda Oriental.

Vilariño, I., & Larre Borges, A. I. (2002). *Poesía completa*. Cal y Canto.

Vilariño, I., Larre Borges, A. I. & Torres, A. (2013). *Diario de juventud*. Cal y Canto.

Vitale, I. (1963, 15 de agosto). Delmira Agustini o el tránsito sensible entre su realidad y el mundo imaginado. *Época*, 10-11.

Vitale, I. (2014). *Los cien años de Delmira Agustini*. Biblioteca Virtual Miguel de Cervantes. https://bit.ly/47jEjR7

Vitale, I. (2021). *Tiempo sin claves*. Tusquets.

Facultades del ser indoamericano y la búsqueda de lo sagrado en *Geografía invisible de América* (1982), de Laureano Albán

Ronald Campos López
Universidad de Costa Rica
ronald.camposlopez@ucr.ac.cr

RESUMEN

Con base en una muestra poética de *Geografía invisible de América* (1982), del costarricense Laureano Albán, se analizan hermenéuticamente las relaciones entre la intuición y el conocimiento trascendental, la fe y las vivencias del misterio tremendo, y la unión mística y las vivencias del misterio fascinante, según las experiencias religiosas basadas en los mitos y creencias de los nahuas, mayas y quechuas. Todas estas relaciones evidencian las facultades del ser indoamericano representado en el poemario albaniano como un íntegro *homo religiosus*. Sus representaciones no solo evidencian su búsqueda de lo sagrado, sino que también contribuye al rescate de unas voces culturales que históricamente han sido ignoradas o desvalorizadas.

PALABRAS CLAVE: *Poesía costarricense, Laureano Albán, ser indoamericano, lo sagrado*

ABSTRACT

Based on a poetic sample of *Geografia invisible de America* (1982), by the Costa Rican Laureano Alban, the relationships between intuition and transcendental knowledge, faith and the experiences of the tremendous mystery, and the mystical union and the experiences of the fascinating mystery are analysed, according to the religious experiences based on the myths and beliefs of the Nahuas, Mayas and Quechuas. All these relationships show the faculties of the Indo-American being represented in the Albanian poetry book as a upright *homo religiosus*. His representations not only show his search for the sacred, but also contribute to the rescue of cultural voices that have historically been ignored or devalued.

KEYWORDS: *Costa Rican poetry, Laureano Alban, Indo-American being, the sacred*

1. Consideraciones generales

La producción poética del costarricense Laureano Albán (1962-2022) es una de las más significativas en la historia literaria de la segunda mitad del siglo XX y principios del XXI de América Latina. Sus veintiséis poemarios son partícipes de un esfuerzo por develar y mostrar las realidades cotidianas en tanto afirmaciones trascendentales, desvirtuando y contraviniendo el concepto. Por eso, evitando la timidez metafísica y buscando darles a sus poemas un patrón retórico más próximo a la rebelión y la renovación (Monge, 1981, 1984), Albán desde joven ha abordado una variedad temática: Dios, lo trascendente, la naturaleza, lo ontológico, el misticismo, el amor, el erotismo, el dolor, la vida, la muerte, lo cotidiano, el drama humano, lo perdurable, la duda, entre otros (Von Mayer, 2007).

Albán ha compuesto su obra siguiendo siempre los principios del *Manifiesto trascendentalista* (Albán, Dobles, Bonilla & Monge, 1977), el primer manifiesto literario redactado en Costa Rica, del cual deriva el primer movimiento literario producido y promovido como tal en este país y, además, exportado a España y difundido a través de la labor literaria del Grupo Trascendentalista de Aranjuez. La poesía albaniana ha sido catalogada, desde la década de los 60 hasta la actualidad, como práctica de ruptura en comparación con la tradición poética costarricense. Debido a esto, Fornoff & McClintock (1995) y Pieragnolo (2011) afirman que la poesía de Albán es la de un poeta contracorriente y trascendentalista, que durante sesenta y un años imaginó lo inefable y el destino de los elementos terrestres, en una época cuando la poesía trata de desprenderse de las figuraciones y enfocarse en un lenguaje cotidiano.

Dentro de sus textos de madurez (Campos, 2023), se encuentra *Geografía invisible de América* (1982). Según Amorós (1987), Fornoff & McClintock (1995), Doucet (2007, 2010, 2013) y Pieragnolo (2011), dicho poemario constituye una indagación y una construcción mitopoética de las raíces hispanoamericanas; la presencia nutricia de los pueblos originarios en la poesía de Albán; una dialéctica entre el lenguaje mítico y el lógico, a la luz de las múltiples manifestaciones poéticas del siglo XX; una evocación de las tres voces indoamericanas mayores (nahuas, mayas e incas) dentro de la hispanidad, no solo limitada esta última a los dos clásicos espacios culturales del hispanismo, como insisten Fornoff & McClintock (1995) y Pieragnolo (2011).

En cuanto vía de conocimiento (Amorós, 1987), la palabra poética de *Geografía invisible de América* retoma esas voces culturales que han sido frecuentemente ignoradas (Fornoff & McClintock, 1995); consideradas débiles (Doucet, 2007), objetos y problemas culturales desde el indianismo hasta la indianidad (Roja Mix, 1997); enfrentadas desde el siglo XX a las realidades sociopolíticas y económicas de la modernización (Albán, 1991; Vargas Llosa, 2007); o bien incluidas significativamente en ciclos (promotores, nacionalistas, americanistas, V Centenario) de la idea de hispanidad (Campos, 2015). Contemplando las riquezas de las geografías física (tópico clásico en la literatura hispanoamericana) y humana del continente, el sujeto lírico albaniano conjuga poesía y cultura en la perspectiva trascendentalista del *Manifiesto* (Albán, Dobles, Bonilla & Monge, 1977), de modo que evidencia las experiencias cotidianas, míticas, filosóficas, místicas, artísticas y humanas de ser indoamericano como parte de la identidad heteroglósica de la hispanidad.

Respecto de la perspectiva trascendentalista de lo indoamericano, defiende Albán:

> Así como la poesía es lo secreto evidente de las cosas, esa sumergida América invisible y liminar es también lo secreto evidente de nuestra cultura. Por eso cada dios y cada templo o estela, leyenda o friso rescatado, necesitan un canto. Que identidad de vida es el canto". (1991, p. 140)

Partiendo, pues, de esta perspectiva, se examinará cómo se retoman voces culturales nahuas, mayas o incas y son utilizadas para representar las facultades religiosas del ser indoamericano en su búsqueda de lo sagrado.

Para ello, primero, se define, con base en Otto (1925) y Eliade (1981), lo sagrado como la emoción, la experiencia religiosa que provoca en el ser una manifestación plenaria y cósmica de la divinidad, la potencia por excelencia. Esta manifestación pertenece a un orden totalmente distinto del de las realidades y objetos naturales y profanos del mundo fenoménico. Se trata de un *ganz andere*: un *algo* radical y diferente de lo humano o cualquier ser terrenal. En consecuencia: "Lo sagrado es un tipo particular del proceso creador del hombre, por medio del cual manifiesta un modo de ser, de obtener una posición concreta en el mundo, radicalmente diferente de la existencia profana" (Von Mayer, 1997, p. 117). Lo sagrado, así, es una referencia significativa a lo numinoso, lo irracional, lo construido como esencia a partir de predicados personales y racionales sobre un objeto o ente incapaz de ser *entendido*.

2. La intuición y el conocimiento trascendental

El especialista en filosofía de la religión y la teología, el Dr. Juan Martín Velasco, pregunta: "¿Cómo se realiza la experiencia y por tanto la conciencia del Dios absolutamente trascendente por una mente como la humana ligada en su funcionamiento a las imágenes que obtiene de su contacto sensible con el mundo?" (2004, p. 34). A dicho interrogante pretende responder esta sección. El epígrafe de "Himno de la mirada" rememora cómo el *Popol vuh* describe que, desde su origen, la tercera generación de humanos contaba con la capacidad de conocer el universo y la facultad de contemplarlo todo:

> Fueron dotados de inteligencia; vieron y al punto se extendió su vista, alcanzaron a ver, alcanzaron a conocer todo lo que hay en el mundo. Cuando miraban, al instante veían a su alrededor y contemplaban en torno a ellos la bóveda del cielo y la faz redonda de la tierra… Grande era su sabiduría; su vista llegaba hasta los bosques, las rocas, los lagos, los mares, las montañas y los valles. (Albán, 1991, p. 178)[1]

No obstante, dicha cualidad fue vedada por los mismos dioses mayas-quichés al arrojarles un vaho –una "lluvia" dice el sujeto lírico– sobre los ojos. La consecuencia de tal censura mítica se deconstruye en "Memorial de la sombra": "*Así fuimos vencidos, desnudados,/ como un abismo/ donde caen las lluvias/ más oscuras y rápidas,/* sobre los cuerpecillos/ inertes de los pájaros,/ que yacen traspasados/ por las espinas negras/ y desmedidas del azar"[2] (Albán, 1991, p. 181). Sin embargo, el ser religioso es capaz de superar esta ceguera que lo tiende a aislar en las circunstancias terrenales y la realidad profana, a medida que descubre su doble naturaleza (profana y sagrada) y se deja llevar por esa "ansia" o "deseos" de la actitud religiosa motivada en todo momento por la intuición. En "La gesta transparente", se comienza a poetizar sobre la naturaleza y función de la facultad intuitiva. En primer lugar, se representa lo inconsciente y su energía psíquica:

[1] Aunque la primera edición de *Geografía invisible de América* es de 1982, se utiliza la versión extendida publicada en *Infinita memoria de América* (Albán, 1991).

[2] El destacado en cursiva en esta cita y subsiguientes es del investigador.

El agua es como el sueño:
densamente poblada
de criaturas que acercan
sus sombras a la vida
y se detienen.
Número de cristal
que sucede y sucede hacia su abismo,
deseo de la niebla
que cruza el laberinto de la oscuridad,
tan sólo armada de rumores.

[…]

Todo es múltiple y rápido
como un cambio de sombras,
pero *sólo hay un agua*
en un mar y en un tiempo,
desde el fondo llamando
en su búsqueda de ojos,
cometiendo delgadas maravillas voraces,
manando con la cruel lucidez
de toda transparencia. (Albán, 1991, p. 155)

Lo inconsciente, en cuanto sistema de virtualidades, centro de fuerzas invisibles, núcleo dinámico y elemento de la estructura numinosa de la psique (Durand, 1971), es representado por el "agua": "símbolo de las energías inconscientes, de las potencias informes del alma, de las motivaciones secretas y desconocidas" (Chevalier & Gheerbrant 1988, p. 60). Dentro de lo inconsciente se mueve la energía vital (Jung, 2002a, 2007); pero, como sobre ella no se puede dar demostraciones o concreciones, el sujeto lírico se refiere a ella con poesía, simbolizándola como quimeras, fuerza profunda y misteriosa de sabiduría, forma indeterminada que escapa de todo concepto racional o voces profundas y confusas para la percepción consciente. Desde el espacio profundo de la psique, emergen las ocurrencias intuitivas, mostrando o revelando experiencias irracionales, contenidos afectivos y simbólicos, vivencias profundas y trascendentales; verdades manifiestas en un instante epifánico y poético, tal y como se enuncia en "Explicando el olvido": "A veces *una luz/ estalla hacia el instante,/* e ilumina una frente/ de cenizas sin nadie" (Albán, 1991, p. 243).

El despertar intuitivo y religioso se relaciona con el "niño", pues ¿en quién mejor que en este la facultad intuitiva se encuentra en estado natural, ensoñador, espontáneo y creador, ya que todo "niño" está aún poco mediado por el pensamiento racional? ¿En quién mejor que en un "niño" se visualiza el (re)nacimiento del indoamericano que acoge místicamente la aceptación de su doble naturaleza y pertenencia? El "niño", como símbolo, materializa el arquetipo del niño (Jung, 2002b): esa imagen que representa el aspecto preconsciente de la infancia del alma; el estado originario, inconsciente e instintivo, o bien intuitivo. Los valores simbólicos de este arquetipo se expresan en la estrofa de "Los poderes del tiempo": "*Hay un poder en cada/ dolor que no es la sangre./* Una –¡ay!– lamparera/ bandada que sostiene/ los fervorosos ríos/ que circundan el alba./ *Hay un niño perdido/ en los ojos del siempre/ al final de la lluvia*" (Albán, 1991, p. 311).

La mirada intuitiva de todo *homo religiosus* es como la de un "niño": "Y que en mis ojos crezcan/ todas las transparencias/ necesarias del viento" (Albán, 1991, p. 286). Las verdades que con ella se *ven* permiten superar las apariencias de la realidad profana ("¿Para qué el espejismo/ si no deslumbra sueños?", p. 165), generar "deseos" de morir a esta modalidad de vida y resurgir reintegrado a la luz-oscuridad primaria del cosmos ("Alrededor ceñidas transparencias/ desean enlazarse en un cuerpo de sombra", p. 157). Sin embargo, únicamente se puede hablar o referir sobre estos saberes irracionales de manera secundaria, parafraseada: "¿O es que creéis que la memoria basta,/ o la palabra basta y su roído fuego,/ o que la luz nos dice/ todas las levedades nunca muertas?" (p. 261). Esta pregunta retórica enfatiza irónicamente el hecho de que el concepto no puede *decir* la "luz", revelar en su totalidad la dialéctica, conducción del misterio y expresión que es toda palabra en sí misma, pues como afirmó Schleiermacher: "Toda intuición religiosa es obra que existe por sí misma... y nada sabe de deducciones y eslabonamientos lógicos" (1920, citado en Otto, 1925, p. 117).

En fin, el pensamiento del sujeto lírico de *Geografía invisible de América* sobre la facultad intuitiva concuerda en todo momento con la máxima de Otto: "la intuición de lo eterno ha de aparecer clara en lo temporal" (1925, p. 209), en la realidad profana y lo circunstancial, porque solamente a través de ello se ha de llevar a un conocimiento trascendental, a una transconsciencia (Velasco, 2004). En este sentido, expresa el sujeto lírico albaniano: "Los trabajos del hombre/ son el poder del tiempo/ y lo hacen brotar desde la exacta,/ insobornable y dura/ finitud de las cosas" (Albán, 1991, p. 275). En el ser indoamericano, entonces, se cumple esa

> "penetración intuitiva" de la experiencia mística que permite a quien la vive entrar en contacto con lo que se le ofrece en ella de una manera particularmente íntima, más allá del orden de las apariencias vigente en la vida ordinaria, el orden de la ilusión, *m*[â]*y*[â], en que vive el sujeto que se limita a ella. (Velasco, 2004, p. 28)

De ahí que en "Destinos de la sed" se simbolice original y singularmente la facultad, mirada y búsqueda intuitivas del nuevo ser religioso con los símbolos "musgo" y "liquen", pues aquellas como estos viven y crecen en un ambiente regido por la "humedad" de las aguas sagradas, uránicas o terrestres, de Tláloc, dios mexica de la lluvia: "*El musgo va llenándote los ojos,/ y tus palabras son/ sólo musgo cantando./ El liquen primitivo de la sed/ entre tu cuerpo sueña/ con otros laberintos./* [...] Que su memoria es *musgo/* siempre buscando el mar" (Albán, 1991, pp. 202-203).

3. LA FE Y LAS VIVENCIAS DEL MISTERIO TREMENDO

La fe y la actitud sagrada son siempre una elección; son resultado de un acto volitivo. Por eso, el concepto vital de fe mantiene relación intrínseca con el de intuición, pues ambas son un conocimiento y un proceso dialéctico espiritual con lo numinoso. De ahí que cada sujeto decida su sistema de valores religiosos a partir de su intuición y el conocimiento que obtiene de esta, para adentrarse en su propia fe, experiencia mística y contemplación del mundo como un espacio sagrado, una realidad supracósmica.

Según Otto (1925), el *mysterium tremendum* o el aspecto tremendo de lo sagrado corresponde a un indecible misterio de lo oculto, lo no público, lo secreto, lo inconcebible e inentendible, lo no cotidiano ni familiar, sentido por las criaturas en términos de una sorpresa, un estupor, un intenso asombro como el pasmo (distinto del tremor o pavor naturales), un pasmo ante lo extraño, inexplicable y heterogéneo[3]. Este *algo*, supracósmico y sobrenatural, sería una especie de *akatalepton* (aquello que escapa de los conceptos), dado que es inefable y trasciende todas las categorías del pensamiento. Sus figuras paradójicas por excelencia son la antinomia, al ir en contra de la razón; y la disimilitud, ya que trastorna, deslumbra, angustia y atenta contra lo racional. Lo tremendo produce un efecto corporal, como temblor o enmudecimiento del espíritu, propio del ser frente a la expresión mística y cósmica de lo sagrado, la ira, el horror y el espanto inagotables. Comprendido lo anterior, se debe considerar que la energía psíquica intuitiva se manifiesta a veces como lo sagrado, de un modo extraño, incomprensible y espontáneo que llega a colmar de un asombro intenso el ánimo y

[3] Para Otto, lo heterogéneo, en el misterio religioso, es el auténtico *mirum*, es "lo *thateron*, *anyad*, *alienum*, lo extraño y chocante, lo que se sale del círculo de lo consuetudinario, comprendido, familiar, íntimo, oponiéndose a ello y, por tanto, colma el ánimo de intenso asombro" (p. 36). Por ello, todo objeto realmente misterioso para el ser resulta inaprehensible e incomprensible, pues constituye un "algo absolutamente heterogéneo" (p. 38); un "aquello de que nada se puede decir [...] opuesto a cuanto existe y puede ser pensado" (p. 39).

provoca una respuesta corporal; por ejemplo, unas "lágrimas", a como se ve en "Lugar de sed": "¿Puedes oír, acaso,/ este empuje de lluvia con raíces/ que sabemos naciendo con tus lágrimas?" (Albán, 1991, p. 215). Con estas, el *mysterium tremendum* se vive y, *ergo*, la fe íntimamente se (re)afirma.

"No hay esplendor sin ojos azorados./ No seremos eternos/ si lo que muere no nos interroga" (Albán, 1991, p. 165). En estos versos, los benefactores dioses mayas Tepeu y Gucumatz hablan e indican justamente ese estado de conmoción espiritual que predeterminaron en el ser humano, para que estos pudieran experimentar lo trascendental, lo eterno, tuvieran fe y, por lo tanto, cumplieran con su función adoradora. Esta fe que lleva a confiar en el misterio del cosmos ("esa claridad/ de templo inexplicable/ que en la mirada de los niños nace", p. 223), la existencia de lo Supremo luminoso ("Bello Señor mío", "mares de la aurora", "dorada/ distancia", "cielo", p. 222), en su inentendible y supracósmica naturaleza porque Él es Alfa y Omega ("los dos espejos/ totales de tu rostro", p. 223), en que se es creación suya, en que hay esperanza cuando se vive lo trascendente, es profesada por un sujeto lírico maya-yucateco[4]:

> Sí, vine, vine, *Bello Señor mío*,
> a recibir la vasija colmada
> de pedrería y mares de la aurora.
> A recorrer la más dorada
> distancia impredecible,
> la que entre Tú y la piedra
> es creadora de dioses.
> *Porque Tú das sustancia*
> *de diamante ternísimo*

---

[4] Así lo sugiere el epígrafe de "La oración de la sombra": "Vine, vine... a merecer de ti tu alegría, Bello Señor mío, porque Tú das lo que no es malo, las buenas cosas que están bajo tu mano" (*Libro de los cantares de Dzitbalche*, citado en Albán, 1991, p. 222).

a los ojos que aman,
y fortaleza de roca con llanto
a la desolación.

En mis manos vacías
has trenzado las llamas
de tu cielo y mi cielo.
Y al lado de mis piernas
el más veloz abismo,
en donde el mar desgasta
durísimos silencios.
Pero aún más veloz
es el sueño, que tú también me diste,
y la plata que en él
es torre y de[s]nudeces.

[…]

Ay, quedamos cegados
entre los dos espejos
totales de tu rostro.
Nosotros nos amamos
extasiando la arcilla,
con esa claridad
de templo inexplicable
que en la mirada de los niños nace. (Albán, 1991, pp. 222-223)

Con estos versos de "Resistencias del canto", se concluye cómo se debe vivir el misterio tremendo de lo sagrado y tener fe en ello, a pesar de que la existencia humana se resuelva en una muerte que, allende las connotaciones profanas y negativas, disuelve las diferenciaciones entre el ser y el numen y, por tanto, representa la vía de acceso a la henosis, a la unificación con el cosmos:

Ya lo sabrás: *instintos*
despiertos como ángeles,
te guiarán, sueño a sueño,
roca a roca, posando
un instante tu peso
de garza sentenciada,
sobre las verticales
olas de lo insondable,
hasta el final, en donde
será un día la muerte. (Albán, 1991, p. 228)

4. La unión mística y las vivencias del misterio fascinante

Además del *mysterium tremendum*, lo sagrado presenta otro aspecto: el *mysterium fascinans*. Por lo deslumbrante y abarcador, el misterio causa la fascinación, así como una reacción de parálisis y arrobamiento; penetra paulatinamente en la conciencia, de manera que el tránsito gradual obliga a que lo numinoso, experimentado a partir de un religioso reflejo sentimental absoluto de dependencia, sea buscado y apetecido, en virtud tanto de los auxilios y beneficios naturales, como del contacto y posesión de lo sagrado hasta el punto de comunicarse con Ello, reunirlo consigo en su interior (*henosis*) y alcanzar, así, el éxtasis; en otras palabras, alcanzar una verdadera *vita religiosa*. Lo fascinante nunca se sacia como se satisfacen las necesidades impulsivas o sensibles. En consecuencia, lo fascinante representa la posibilidad de pasar a la experiencia sagrada, excesiva por exaltación (*super-abundans*), con el fin de alcanzar una conversión y una regeneración, gracias a una disposición del espíritu (Otto, 1925).

Como afirma Récéjac: "El misticismo comienza por el sentimiento de una *dominación* universal *invencible* y, después se convierte en un deseo de unión con quien así domina" (1897, citado en Otto, 1925, p. 30). Precisamente, este deseo de henosis es alimentado por las vivencias del *mysterium fascinans*, el cual penetra gradualmente en la consciencia del ser religioso hasta obligarlo a depender, buscar y apetecer su comunicación con lo numinoso. Este aspecto insaciable de lo fascinante de lo sagrado se poetiza "En la doble memoria":

> Hay que tomar los vasos
> con las manos solares,
> y abrevar hasta el fondo
> cada gota y sus llamas
> gemelas de la sombra.
>
> Que los vasos se llenan
> de mundo en las mañanas.
> –¡Ah indefensa alegría
> de la luz ofreciéndose!–
> y el que los bebe sabe
> que lo bebe la muerte. (Albán, 1991, p. 221)

En estas estrofas, se presentan tanto los continentes como los contenidos como símbolos de la intimidad[5]. Por un lado, los "vasos", en cuanto continentes, acogen y albergan la posibilidad de comunicación y reunión místicas del régimen nocturno (Durand, 1982), aunque particularmente en plena alba, de modo que "tomar" estos "vasos/ con las manos solares", estos recipientes sagrados, representa un acto de eufemización de la existencia o muerte profana y, por tanto, una vivencia de reposo y deleite sagrados. Por otra parte, el contenido de estos "vasos" connota claramente el carácter digestivo del régimen nocturno, ya que es el alimento ritual que otorga y simboliza la vida, el encuentro íntimo, la nutrición con

---

[5] Los símbolos de la intimidad del régimen nocturno agrupan todos aquellos relacionados con los continentes y los contenidos, las imágenes de la interioridad y el reposo, debido al gesto del acurrucamiento y el reflejo digestivo (Durand, 1982).

lo sagrado y la transformación espiritual. Esta bebida conformada por "cada gota y sus llamas/ gemelas de la sombra" constituye una *coincidentia oppositorum*, pues se reúnen la luz de las "mañanas", el poder uránico que despierta la naturaleza espiritual del ser y ofrece las posibilidades y existencia del misterio sagrado, la esperanza y vitalidad en Ello, más su "sombra", esa oscuridad propedéutica o realidad profana que permite conscientemente la germinación espiritual hacia una existencia plena y menos trágica.

Por lo anterior, a estos "vasos" y su contenido se les reviste de un papel sacramental, con el fin de crear un vínculo con la divinidad, de modo que se abolen las condiciones profanas de la existencia cotidiana y el devenir temporal. Puesto que lo fascinante de lo sagrado nunca se sacia, el ser indoamericano emplea estos "vasos" y bebe ritualmente, hasta alcanzar una conversión y una regeneración, gracias a su disposición espiritual, en medio de una experiencia colectiva o individual mística, excesiva por exaltación ("¡Ah indefensa alegría/ de la luz ofreciéndose!"). Para él, como para los seres arcaicos, se trata de una comunión alimenticia, donde justamente los alimentos representan una transustanciación (Durand, 1982); donde lo sagrado, "lo real es de primera intención un alimento" (Bachelard, 2000, p. 199). De ahí que, quizás, los "vasos" no sean tan valiosos como la sustancia envuelta: "La cualidad profunda, el tesoro sustancial no es lo que encierra sino lo encerrado" (Durand, 1982, p. 265). Al beber "cada gota y sus llamas/ gemelas de la sombra", el indoamericano religioso interioriza una interioridad superlativa: una sustancia que tiene y es en sí misma un interior (Bachelard, 2000).

Esta imagen redunda en "Los mares compartidos". Desde el epígrafe, fragmento de *Relación de la religión y rito del Perú*, se expresa cómo el ser indoamericano alcanza el consuelo y realización de su henosis por medio de símbolos de la intimidad asociados con la dominante digestiva: "y antes que comiencen a beber, derraman un poco de chicha del *macte* o vaso en que beben, mochando y adorando a Ataguju y a la tierra, y ésta derraman en señal de o bendición que hacen a su Criador" (citado en Albán, 1991, p. 291). En el poema se canta:

> *Compartimos la sed contra la sombra,*
> *este gesto deicida*
> *de ir hacia la noche*
> *sin lámpara, ni oro, ni horizonte,*
> *con una flecha que fue azul y lluvia,*
> *partiendo de las manos a la nada.*
> *Compartimos la simple*
> *frontera de estar vivos*:
> cada uno ocupando
> su vigilia de arcilla,
> lejanamente hechos
> de precipitaciones
> y de armas profusamente inútiles,
> como el adiós.
> *Boca con boca con la tierra, damos*
> *un trago a su quietud.*
> *Y compartimos todos los manantiales,*
> *la cresta de la ola,*
> *donde la transparencia más fugaz*
> *ya es contigua del cielo*
> *y esa humedad delgada*
> *que sostienen los prados*
> *un sol antes del alba.* (Albán, 1991, pp. 291-292)

En la primera estrofa, se disponen los valores negativos, agobiantes y atadores del régimen diurno con que se describe la realidad profana en el poemario. Inmediatamente, se los contrarresta con el rito mismo de los continentes y contenidos, aunque se amplía el esquema: los "vasos" ahora son la "tierra", continente por excelencia que materializa el arquetipo de la *tellus mater* y conjuga las figuras de intimidad, reposo, nutrición, vida, muerte, regeneración y promesa de supervivencia espiritual ("Boca con boca con la tierra, damos/ un trago a su quietud"). El contenido sigue siendo la luz alboral, pero también la otra sustancia primordial que igualmente materializa el arquetipo de la *tellus mater*: el agua marina ("la cresta de la ola"), terrestre ("manantiales") y uránica ("donde la transparencia más fugaz/ ya es contigua del cielo").

En definitiva, la unión mística de los indoamericanos es representada por símbolos de la intimidad, ya que las vivencias del misterio fascinante conducen a que estos seres religiosos experimenten un sentimiento absoluto de dependencia, de *unitas indistinctionis*[6], es decir, de una contemplación intelectual de lo divino mediante la cual el ser se unifica ontológica y sustancialmente con el numen, de ahí que cada vez más este sea buscado y apetecido por el *homo religiosus*.

5. CONCLUSIONES

En *Geografía invisible de América*, se evoca desde los mitos cosmogónicos y antropogónicos hasta un sistema filosófico racional y diversas manifestaciones culturales que definen al indoamericano como un ser religioso. En los poemas analizados, se asume y enuncia un rescate, una valoración y una dialéctica con las mitologías indoamericanas, porque el sujeto lírico tiene claro que –como dijera Jung– la

[6] McGinn (1989, 1992) propone la *unitas indistinctionis* como una de las formas principales de unión mística. Dicha forma de unión implica una contemplación intelectual de lo divino y una unificación ontológica y sustancial entre el ser religioso y la realidad contenido de su experiencia, de acuerdo con las llamadas místicas de la esencia, especulativas o de la unidad en lo Absoluto. Según esta clase de místicas, el conocimiento es fundamentalmente introversivo, o sea, la énstasis: la introversión, fusión y transformación del ser en lo más profundo de sí; como diría García Gual: ver "hacia dentro con renuncia a los sentidos, especialmente al de los ojos dirigidos al mundo externo, en sus secretos procesos hacia lo interno" (2011, p. 164).

> mitología de una tribu es una religión viva, cuya pérdida es siempre y en todo lugar, incluso en el hombre civilizado, una catástrofe moral. Pero la religión es una relación viva con los procesos anímicos que no dependen de la consciencia sino que se originan más allá de ella, en la oscuridad del trasfondo anímico. (2002b, pp. 142-143)

Poéticamente, dicho poemario promueve el revivir la cotidianidad de los grupos culturales indoamericanos mayores (nahuas, mayas y quechuas), así como el hecho de que profundizar en sus realidades y creencias religiosas permite ir más allá de los mitos, para acceder a lo inconsciente y lo consciente, este mundo y el metafísico, lo material y lo espiritual, lo profano y lo sagrado. Deseados y necesitados por los dioses, los humanos fueron creados. Son, como todo, obra cósmica, partidarios de la unidad y la armonía. Por eso, sus vidas religiosas dan cuenta de que la unidad mística es parte de las poéticas del yo.

A partir del Encuentro de 1492, descubrimientos e invenciones, discursos (religiosos, políticos, económicos, jurídicos, literarios y míticos), acontecimientos objetivos de la historia, polémicas, entre otros, han conducido hacia el olvido y el desdén de estos orígenes míticos y cosmovisiones que todavía (sobre)viven en rastros arqueológicos, agrícolas, gastronómicos, líticos, religiosos, rituales, artísticos, literarios, musicales, etnológicos, genéticos. Todos ellos sobreviven, asimismo, en la heteroglósica palabra poética del sujeto lírico de *Geografía invisible de América*, para quien el indoamericano fue, es y seguirá siendo un *homo religiosus* íntegro, entregado plenamente a las vivencias de lo sagrado en todos los niveles de su *modus vivendi* (mítico, religioso, cotidiano, social, político, filosófico, educativo, moral, artístico). Gracias a esta entrega, el ser indoamericano sabe, "Como todo en sus ojos":

> Que él no es sólo una sombra
> remontada hasta el sueño,

sino un país, un ancho
territorio que linda
con los ríos visibles
e invisibles del aire.
Que en el centro de toda
su soledad, hay una multitud
de oro y rostros, amándolo. (Albán, 1991, p. 290)

Referencias bibliográficas

Albán, L. (1982). *Geografía invisible de América*. Instituto de Estudios Onubenses.

Albán, L. (1991). *Infinita memoria de América (El Descubrimiento, Amerindia, Sefarad y al-Ándalus, 1492 / 1991)*. Anaya.

Albán, L., Dobles, J., Bonilla, R. & Monge, C. F. (1977). *Manifiesto trascendentalista*. Editorial Costa Rica.

Amorós, A. (1987). Una metafísica del mito originario: La poesía de Laureano Albán. *Revista Iberoamericana, 138-139*(1), 353-361.

Bachelard, G. (2000). *La formación del espíritu científico*. Siglo XXI.

Campos, R. (2015). Orígenes y evolución de la idea de hispanidad. M. P. Celma, S. Heikel & C. Morán (Eds), *Actas del Coloquio Internacional de la Asociación Europea de Profesores de Español (AEPE). España y Portugal, tierra de encuentro y proyección cultural* (pp. 77-85). AEPE. https://www.academia.edu/19376158/Or%C3%ADgenes_y_evoluci%C3%B3n_de_la_idea_de_hispanidad

Campos, R. (ed.). (2023). *¡Este es el mar! Antología poética de Laureano Albán*. Editorial de la Universidad de Costa Rica.

Chevalier, J. & Gheerbrant, A. (1988). *Diccionario de los símbolos*. Herder.

Doucet, M. (2007). La presencia nutricia de los pueblos originarios en la poesía de Laureano Albán. Ponencia pronunciada en el LXXV aniversario de la Sociedad de Escritores de Chile. Santiago de Chile.

Doucet, M. (2010). Prólogo. En L. Albán, *Enciclopedia de maravillas* (IV, pp. 8-10). International Poetry Forum.

Doucet, M. (2013). *Geografía invisible de América* (mayas, nahuas, quechuas): multiculturalidad e identidades en el universo poético de Laureano Albán. En E. Huarag (Coord.), *América diversa literatura y memoria* (pp. 212-223). Pontificia Universidad Católica del Perú.

Durand, G. (1971). *La imaginación simbólica*. Amorrortu.

Durand, G. (1982). *Las estructuras antropológicas de lo imaginario*. Taurus.

Eliade, M. (1981). *Lo sagrado y lo profano*. Labor.

Fornoff, F. & McClintock, S. (1995). Después del boom, una explosión de poesía. En L. Albán, *Enciclopedia de maravillas* (I, pp. 17-37). International Poetry Forum.

García Gual, C. (2011). *Mitos, viajes y héroes*. Fondo de Cultura Económica.

Jung, C. (2002a). Sobre los arquetipos de lo inconsciente colectivo. *Obra completa. Los arquetipos y lo inconsciente colectivo* (pp. 3-40). Trotta.

Jung, C. (2002b). Acerca de la psicología del arquetipo del niño. *Obra completa. Los arquetipos y lo inconsciente colectivo* (pp. 139-168). Trotta.

Jung, C. (2007). Inconsciente personal e inconsciente suprapersonal o colectivo. *Obra completa. Dos escritos sobre psicología analítica* (pp. 75-92). Trotta.

McGinn, B. (1989). Love, Knowledge and Unio Mystica in the Western Christian Tradition. En M. Idel, & B. McGinn (Eds.), *Mystical Union and Monotheistic Faith. An Ecumenical Dialogue* (pp. 59-86). Macmillan.

McGinn, B. (1992). *The Presence of God: A History of Western Christian Mysticism*. SCM Press.

Monge, C. F. (1981). Los dos lados del fuego. *Repertorio americano*, *4*, 1-5.

Monge, C. F. (1984). *La imagen separada*. Ministerio de Cultura, Juventud y Deportes.

Otto, R. (1925). *Lo santo. Lo racional y lo irracional en la idea de Dios*. Revista de Occidente.

Pieragnolo, T. (2011). Prefazione. En L. Albán, *Poesie imperdonabili* (pp. 5-12). Passigli.

Pieragnolo, T. (2013). *Nell'imminenza del giorno. Traduzioni 2007-2013*. LaRecherche.it. http://www.ebook-larecherche.it/ebook.asp?Id=143

Rojas Mix, M. (1997). *Los cien nombres de América: Eso que descubrió Colón*. Editorial Universidad de Costa Rica.

Vargas Llosa, M. (2007). América Latina: unidad y dispersión. Fundación Grupo Mayán. https://www.fundacionvidanta.org/docs/02-America-Latina-unidad-y-dispersion-v-llosa.pdf

Velasco, J. M. (2004). El fenómeno místico en la historia y en la actualidad. *La experiencia mística. Estudio interdisciplinario* (pp. 15-49). Trotta.

Von Mayer, P. (1997). La sublime transparencia: Poesía mística de Laureano Albán. En J. Chen (Ed.), *VII Congreso Costarricense de Filología, Lingüística y Literatura Dr. Jack Wilson Kilburn* (pp. 341-349). Universidad de Costa Rica.

Von Mayer, P. (21 de enero, 2007). Laureano Albán, premio "Magón" 2006. *La Nación*. http://wvw.nacion.com/ancora/2007/enero/21/paginasflotantes961536.html

El trauma en el álbum ilustrado: análisis literario y algunas consideraciones didácticas

ZAIDA VILA CARNEIRO[1]

Universidad de Castilla-La Mancha
Zaida.Vila@uclm.es

RESUMEN

En este trabajo se selecciona y analiza un corpus de literatura infantil compuesto por seis álbumes ilustrados publicados entre los años 2008 y 2020 en el ámbito iberoamericano. Todas estas obras tienen en común que giran en torno a una temática de carácter traumático; en concreto, este estudio se centra en el maltrato, el abuso sexual y las consecuencias de la guerra. Se han analizado, desde un punto de vista literario, los aspectos fundamentales de cada una de ellas, poniendo el foco en cómo se afronta el tema, qué papel desempeñan las ilustraciones y desde qué perspectiva se asume la narración de los hechos. Los resultados del análisis revelan una serie de patrones llamativos que se vinculan a un posible objetivo didáctico relacionado, en primer lugar, con la canalización del trauma y, en segunda instancia, con el fomento de la empatía, la tolerancia y el respeto por parte del público lector infantil.

PALABRAS CLAVE: *literatura infantil, álbum ilustrado, trauma, abuso infantil, inmigración*

ABSTRACT

This paper offers a selection and literary analysis of a corpus composed of six picture books which were published between

[1] La autora de este artículo recibe financiación del Fondo Europeo de Desarrollo Regional (FEDER).

2008 and 2020 in Spain and Latin America. All these works have in common that they revolve around traumatic topics. Specifically, this study focuses on mistreatment, sexual abuse and the consequences of war. The fundamental aspects of each of them have been analysed, from a literary point of view, focusing on how the topic is approached, what role the illustrations play and from what perspective the narration of the events is assumed. The results of the analysis reveal a series of striking patterns that are linked to a possible didactic objective related, firstly, to the channeling of the trauma and, secondly, to the promotion of empathy, tolerance and respect for others.

KEYWORDS: *children's literature, picture book, trauma, child abuse, immigration*

1. Introducción

En el siglo XX, la literatura infantil con fines meramente instructivos fue dejando paso, gracias a diversas fuerzas socioculturales, a una literatura más compleja y centrada en el universo personal de su público receptor. Esta transformación trajo consigo el resurgimiento y consagración de ciertos géneros, como el álbum ilustrado, y una riqueza temática en la que ni siquiera aquellos temas menos amables se dejaron de lado. Así pues, la muerte, la soledad, la guerra y sus consecuencias o el maltrato se erigen como argumento central de muchas obras infantiles, dando muestra del poder de la literatura como medio de iniciación al conocimiento del mundo.

La incorporación de estos tabús en las obras destinadas al público infantil convierte a la literatura en "an ally since it provides hope in the future by way of an evocative strenght, a resilience needed to confront the painful aspects of life", tal y como afirman Mociño y Agrelo (2020, p. 101) a propósito de la muerte en la Literatura Infantil y Juvenil[2]. En

[2] De aquí en adelante, se usará, de manera preferente, las siglas LIJ.

este sentido se pronuncia, asimismo, Vara, quien, también con relación a la muerte, afirma que “la literatura infantil puede considerarse un instrumento idóneo para tratar el tema” (2016, p. 3).

En el presente trabajo nos ocuparemos de algunos de esos temas tabú de carácter traumático, para lo cual se ha seleccionado un corpus representativo formado por distintos álbumes ilustrados que han visto la luz en los últimos quince años y que giran en torno al maltrato, el abuso sexual y las consecuencias de la guerra. Se parte del objetivo de extraer los aspectos fundamentales de cada uno de ellos, poniendo el foco en cómo se afronta el tema, qué papel desempeñan las ilustraciones y desde qué perspectiva se asume la narración de los hechos.

2. SELECCIÓN Y ANÁLISIS DEL CORPUS

El corpus que se ha establecido para el análisis que presentamos en este estudio está compuesto por seis álbumes ilustrados publicados en diferentes editoriales entre 2008 y 2020 en el ámbito iberoamericano. En este sentido, es preciso recordar que en este formato

> el significado se construye a partir de la colaboración de dos códigos: el escrito y el visual. En él, el texto no puede sostenerse autónomamente, sino que se requiere una interpretación conjunta de lo dicho por el texto, lo mostrado por la imagen y la relación de ambos con el espacio del libro. (Colomer, 2010, p. 177)

Esta peculiaridad motivó que fuera el género literario seleccionado para este trabajo, pues permite que el análisis traspase el texto para mostrar de qué manera las imágenes, en todas sus dimensiones, ayudan a transmitir al público lector cómo es la visión del yo infantil sobre las circunstancias que le rodean o cómo es la realidad que en su narración se omite. Por otro lado, es preciso incidir en que las ilustraciones son la primera vía de entrada (y a veces la única) de nuevos conocimientos para el público lector más joven, por lo que su poder metafórico juega también un papel muy importante en la transmisión del mensaje.

Los álbumes seleccionados son, en orden cronológico: *El monstruo* (2008), escrito por Daniel Martín e ilustrado por Ramón Trigo; *¡Estela, grita muy fuerte!* (2008) de Bel Olid y Martina Vanda; *Trenfugiados* (2017) de José Campanari y Evelyn Daviddi; *Mexique, el nombre del barco* (2017) con texto de María José Ferrada e ilustraciones de Ana Penyas; *El monstruo transparente da miedo… ¡de verdad!* (2019) de Pilar Lozano y Alicia Más; y *Fronteiras de papel* (2020), escrito por Alba de Evan y Xabier Domínguez e ilustrado por David Lorenzo.

2.1. ÁLBUMES CENTRADOS EN LA VIOLENCIA INFANTIL

El monstruo transparente da miedo… ¡de verdad! y *El monstruo* nos sitúan en un entorno familiar en el que hijos y madre sufren maltrato. En ambos, como se intuye a partir del título, el maltratador recibe el mismo apelativo ("monstruo"), de manera que se despersonaliza al padre como medio de autodefensa afectiva[3]. El yo narrador en el primer álbum mencionado es un niño, que, aunque habla en su nombre y en el de su hermana pequeña, en el relato usa la primera persona de singular. Ya en la página de inicio se presenta el problema ("un monstruo anda rondando mi casa"[4]) y, prácticamente a continuación, se expone cómo lidian con esta situación, tratando de fomentar la empatía con la figura materna, quien, incapaz de poner fin al problema, dedica todos sus esfuerzos, por un lado, a evitar

[3] En *El monstruo transparente da miedo… ¡de verdad!* se señala que el monstruo se mete en el cuerpo del padre, mientras este "Dice y nos repite que no quiere". En *El monstruo*, donde también se alude al maltratador como bestia, esta despersonalización es más clara todavía y ni siquiera la figura paterna es dotada de forma humana.

[4] No se ofrece la página de la cita ni aquí ni en muchos de los fragmentos textuales que se incluyen en el presente trabajo porque, salvo excepciones contadas, las hojas del álbum ilustrado no se suelen numerar.

el conflicto doméstico para mantener a sus hijos a salvo (desde un principio les advierte de que es mejor no mirar ni escuchar ni hablar cuando viene el monstruo) y, por otro, a educarlos para evitar que, en el futuro, puedan acabar repitiendo el mismo patrón. Asimismo, la madre intenta que sus hijos se evadan a través de la literatura, por lo que les regala un libro de monstruos en el que se cuenta cómo acabar con estas criaturas. La niña, tratando de buscar un remedio a su situación, señala que el monstruo transparente no figura en él, a lo que la madre responde que es porque es invisible y se elimina con cosas invisibles; y dibuja en las últimas páginas del libro tres tarros: amor, alegría y respeto: los ingredientes necesarios para que el monstruo no entre en el cuerpo de uno.

Las sensaciones que la lectura de este álbum provoca son, en ocasiones, angustiosas, como sucede en el momento que el protagonista afirma que el monstruo casi no le deja respirar. Aun así, en líneas generales, se adopta una postura de resignación que se refuerza con la actitud protectora y amorosa de la madre y la introducción de elementos de carácter fantástico, como cuando el narrador plantea con oraciones condicionales cómo lo ahuyentaría si fuese un vampiro, un dragón o un monstruo con dos cabezas, relatos que dice que le encantan a su hermana.

En lo que concierne a las ilustraciones, estas son cálidas y acogedoras, excepto cuando sale el padre, representado como un diablo, momentos en los que predomina el color rojo anaranjado. Esta elección cromática muestra de manera clara la dicotomía que ofrece este álbum: resignación y calma versus el miedo.

Así pues, en *El monstruo transparente da miedo… ¡de verdad!* se asume la situación de maltrato y no se pone remedio, resolución argumental distinta a la que encontramos en *El monstruo*. En esta segunda obra, la narración está planteada también en primera persona, en este caso en la boca de Rosario, de 10 años. Comienza con una presentación en la que se habla de cosas triviales como la comida, estrategia narrativa que enmarca los acontecimientos que se van a relatar en una atmósfera de normalidad. A continuación, Rosario ya confiesa que su hermano, su madre y ella viven con un monstruo. Nuevamente, se narran, de manera textual, pero también visual, situaciones muy duras y angustiosas (especialmente desde la perspectiva adulta), como cuando acuden a su maestra y a su abuela para darles cuenta de su problema, y ninguna les toma en serio, señalándole la primera que cerrando los ojos ese monstruo se marcharía y recitándole la segunda una retahíla que teóricamente le ahuyentaría; soluciones que, desde la inocencia infantil, aplican, pues creen que estas figuras de referencia les han prestado la ayuda que solicitaban, y solo les conllevan consecuencias negativas. Asimismo, la violencia física aparece de manera explícita, otra novedad respecto al álbum anterior; valga como ejemplo el momento en el que derraman un vaso de leche y el monstruo entra en cólera, empujándolos.

Los dos álbumes sí coinciden en dos cuestiones relevantes: en la figura infantil de apoyo y en el rol protector de la madre. Al igual que en la obra anterior, contamos con una pareja de hermanos. En este caso, la narradora es Rosario, pero habla en nombre de ella y su hermano, y, en numerosas ocasiones, se muestra aliviada por no sufrir sola esta situación. De hecho, hay un momento en el que el padre les castiga obligándolos a pasar la noche en el balcón y Rosario recalca, además de que durmieron abrazados, que menos mal que estaban ellos dos juntos.

En lo que respecta a la figura materna, esta no sale representada hasta el final, cuando aparece con sus dos hijos en el balcón viendo cómo se aleja la figura del monstruo y entendemos que ha tomado, tras sufrir un brote especialmente violento, la resolución de abandonar a su pareja. El resto de sus acciones las conocemos por boca de la narradora, quien la define como muy valiente y señala cómo esta los encierra en la habitación con la televisión a todo volumen "para que no oigamos los alaridos de la bestia". El álbum termina relatando cómo ahora viven con su abuela y el monstruo solo se les aparece en sueños.

El cromatismo de las ilustraciones de *El monstruo* es también muy significativo. Hay un predominio del color azul oscuro y una presencia constante de las sombras de los protagonistas y del "monstruo". El segundo color que destaca es el rojo vivo que representa al padre. Se establece, pues, como sucedía en el álbum anterior, un código cromático simbólico en el que el azul se asocia a la tristeza, la angustia y el refugio, y el rojo a la furia y la violencia. Por otro lado, es preciso destacar cómo el ilustrador va deslizando pequeños detalles en las páginas en las que solo hay texto, entre los que destacan, además de una reveladora garra que representa a la bestia con la que conviven, la primera y la última ilustración. Así, el inicio de la narración es acompañado con el dibujo de una porción de bizcocho, mientras que, junto al texto final, observamos un bizcocho entero al que solo le falta un trozo. Se trata, pues, de imágenes complementarias de claro sentido metafórico que dotan de estructura cerrada a la obra y que dan muestra del poder multimodal de este género literario.

Relacionado con la violencia infantil también está el álbum *¡Estela, grita muy fuerte!*, aunque, en este caso, el foco se sitúa en el abuso sexual. Son varias las diferencias que hallamos en cómo se expone el trauma en esta obra en comparación con las dos que hemos analizado anteriormente. En primer lugar, se trata de una narración en tercera persona, en la que los diálogos tienen también un peso importante. La elección de la autora a este respecto, con toda probabilidad, se deba, por un lado, a la dureza y asunción por parte de las víctimas de este tipo de hechos, pero también a la ausencia de una figura infantil de apoyo que sí hallábamos en las dos obras anteriores y que, de algún modo, ayudaba a canalizar el trauma de mejor manera al tratarse de una experiencia compartida.

Sí observamos similitudes en el marco en el que las acciones tienen lugar. En las tres obras, el problema, como generalmente sucede en la vida real, se da en el entorno familiar y en un ambiente de aparente normalidad. Esta atmósfera se consigue, como veíamos en *El monstruo*, a través de la narración de cuestiones triviales relacionadas con los centros de interés del público infantil, como la comida. En *¡Estela, grita muy fuerte!* leemos "Otra cosa que le fascina a Estela es ir a comer a casa de los abuelos los domingos, porque su abuela siempre le hace un espagueti con queso riquísimo, que es su plato preferido" (Olid & Vanda, 2008, p. 14) para, unas líneas después, introducir la problemática: de un tiempo a esta parte, el tío Anselmo la lleva a un cuarto y la desnuda para hacerle "cosas raras". En este álbum se muestra cómo se opera un cambio en la mentalidad de Estela. Comienza a sentir vergüenza, sabe que aquello no le gusta y no está bien, por eso se rebela y grita, atrayendo la atención del resto de familiares que se hallaban en el comedor.

El final es abierto. El tío Anselmo es descubierto, pero se disculpa diciendo que estaban jugando, mientras que Estela se funde en un abrazo con su madre, pues siente que es lo único que necesita en ese momento. Desconocemos si los adultos son conscientes de lo que está sucediendo, si el delito será castigado, si la protagonista relatará finalmente el calvario vivido a su madre…

Por otro lado, es posible identificar, una vez más, dentro de la paleta de colores sombríos que caracterizan este álbum, el establecimiento de un código cromático en el que predominan un azul verdoso y un rojo anaranjado. El primero se asocia a los momentos de refugio y al alivio de la revelación final, mientras que el segundo marca las escenas de tensión y abuso, de entre las que destaca la que tiene lugar en las páginas 16-17, donde observamos a una Estela diminuta cercada de enormes manos que aparentan ser llamaradas.

2.2. Álbumes centrados en la migración

Otra temática de carácter traumático también frecuente en la LIJ reciente es la relacionada con la guerra, el exilio y la inmigración, cuestiones que, en numerosas ocasiones aparecen estrechamente vinculadas. *Trenfugiados* y *Mexique, el nombre del barco* son ejemplos significativos de las dos primeras.

Trenfugiados es un álbum escrito en primera persona, pero no desde el trauma propio. El yo infantil que narra está acompañado de sus primos y su abuela con quienes habla sobre la dura situación que viven los refugiados, estableciendo comparaciones inocentes entre las circunstancias de estos y las vivencias de los niños[5], lo que, desde la perspectiva del lector adulto, a veces puede parecer una frivolización de los hechos. Sin embargo, es una estrategia narrativa que busca la empatía de los receptores infantiles, en cierto modo ajenos a este tipo de problemática social. Esta visión se complementa con la de la abuela, a quien, hacia el final del álbum, vemos entristecida, cuestión que no le pasa desapercibida al yo narrador quien comenta "La abuela se levantó de su sillón para ir a la cocina a preparar la merienda. Tenía los ojos nublados". En la siguiente página observamos que a la mente de la abuela vienen los recuerdos de la guerra civil española y leemos "Esta tarde, mientras tomábamos la merienda, la abuela nos contó la historia de algunos vecinos del pueblo que cuando eran pequeños se fueron a otros países. Huyendo del hambre, huyendo del frío, huyendo de la guerra".

Las imágenes que remiten a la Guerra Civil siguen una técnica fotográfica en blanco y negro que aporta realismo a la historia. En lo que concierne al resto de las ilustraciones, se observa una contraposición clara entre los tonos grisáceos y ocres asociados a los refugiados y su vida, y las tonalidades más alegres en las que se encuadran las escenas de la casa de la abuela, las cuales proporcionan cierta sensación de hogar, paz y felicidad.

Un aspecto llamativo de este álbum es que, ni a través del texto ni de las imágenes, resulta posible identificar el colectivo al que pertenecen estos *trenfugiados*, por lo que podríamos hablar de una des-

---

[5] Valga como ejemplo la siguiente asociación que hacen: "Los trenfugiados no pueden vivir en sus casas porque están abandonadas como las del pueblo o peor (…) y buscan un lugar donde haya abuelas para poder quedarse a comer y dormir".

personalización del fenómeno migratorio que permite que la lectura de esta obra se pueda adaptar a cualquier momento sociohistórico.

Más específico, al tratarse de un suceso real, es el drama migratorio que se relata en *Mexique, el nombre del barco*. En este álbum, se narra en primera persona el viaje de 456 hijos e hijas de republicanos que partieron de Burdeos hacia México el 27 de mayo de 1937, en lo que en un principio se creía que iba a ser un exilio temporal, pero que, lamentablemente, las circunstancias históricas convirtieron en definitivo.

El yo narrador es uno de esos niños que viajan en el barco. A través de su voz percibimos la perspectiva inocente de los hechos que confiere la infancia. Cuenta que no recuerda bien dónde está el país al que van, pero que estará allí tres o cuatro meses ("Como unas vacaciones un poco largas. Eso dijo mi mamá") y relata, con esperanza y cierta incertidumbre, su vida durante esa travesía, así como la llegada a México. Habla de llantos, aunque no personificados en su figura ("Algunos lloran"), pero también de momentos buenos, como cuando cantan; si bien se sirve de comparaciones y metáforas que dejan ver también el estado de su pobreza ("Las canciones siempre estuvieron en los bolsillos, entre la poca ropa que llevamos"). En el texto hallamos metáforas sencillas sobre la guerra, la república, el exilio… y frases cortas de intensa carga emocional[6], que apelan a la doble lectura que el álbum ilustrado proporciona al receptor (adulto-niño).

Por otro lado, al igual que sucedía en los álbumes centrados en el maltrato, aparece una figura de apoyo, también infantil, que acompaña al protagonista. En esta obra, es el propio narrador quien, metafóricamente, explicita este sostén moral de manera cruda con la siguiente afirmación: "Los pequeños nos sujetamos a hermanas que antes no teníamos. Mi familia tiene once o doce años. Se llama Clara".

---

[6] Un ejemplo lo hallamos al principio del álbum cuando el protagonista dice "Mi mamá que cuando se despidió dijo: 'mi niño'", oración cuyo significado tiene unas implicaciones emotivas claras que traspasan el significado literal.

Las palabras y la visión inocente del niño contrastan con la desolación y la dureza que transmiten las ilustraciones, en las que se da un claro predominio del gris y el negro. Los numerosos rostros que vemos en las distintas páginas del álbum están muy definidos, lo cual se logra a través de una técnica que nos recuerda a la fotografía y que dota de realismo a las imágenes. Algunas de estas, en especial las finales, incluyen violencia explícita que se omite en el texto, circunstancia que se observa en otros álbumes de temática bélica como *Rosa Blanca* de Innocenti y que Tabernero justifica acertadamente señalando que "el lector infiere del contexto y de la imagen la situación a la que se refiere el discurso ya que el narrador no puede nombrar desde la perspectiva del protagonista aquello que este desconoce" (2005, p. 83).

Por otro lado, es preciso señalar la fuerza metafórica de buena parte de las ilustraciones de *Mexique, el nombre del barco*[7]. Especialmente significativa es la doble página en la que se expresa el tiempo que dura el viaje en una sucesión de viñetas oscuras acompañadas de la sentencia "El mar es un lugar que no termina nunca".

Este álbum finaliza con una reflexión de la autora y una dedicatoria a los niños de Morelia y a todas las personas que se desplazan en busca de un lugar mejor. Se universaliza el drama del *Mexique*, ya que, como afirma la escritora, no hay registro de todos los barcos que cruzan el océano cada día "llevando a seres humanos, que tienen la esperanza y, lo más importante, el derecho a una vida sin miedo". Así pues, tanto en este álbum como en el de *Trenfugiados* se muestra, si bien desde la perspectiva contraria, una reflexión del presente sobre el pasado.

Fronteiras de papel, la última obra del corpus que hemos seleccionado para este trabajo, está relacionada también con la huida del país de origen, poniendo el foco en el drama de la inmigración,

[7] No debe olvidarse que en el álbum "La ilustración puede suplir, en ocasiones, los recursos narrativos del texto (…) es otra forma de contar, otro código con resortes narrativos" (Tabernero, 2005, p. 81).

pero desde un punto de vista menos dramático. Una vez más, el yo infantil, Fátimah en este caso, es quien narra en primera persona el viaje y la llegada a Utopía con su familia, marcados por la oscuridad, el frío, la humedad y el miedo. A pesar de ello, se trata de un relato en el que el tono que domina es el de la esperanza, y la visión del trauma que se ofrece es bastante amable, de hecho, la niña se muestra feliz prácticamente en toda la obra y su integración social parece ser rápida y fácil. El estilo narrativo tampoco es muy emotivo y hallamos metáforas escasas y bastante sencillas. Todo ello parece apuntar a que quizá este álbum haya sido creado con una función didáctica, planteando como destinatarios de su lectura a aquellos que van a acoger al inmigrante, en lugar de a quien ha vivido el trauma.

En lo que respecta a las ilustraciones, hay dos colores predominantes: el marrón oscuro y el verde. El primero es el del color de su piel, el de la tierra que abandonan, el de la barca en la que huyen, el de la playa a la que llegan y el del fondo del único momento de desesperación que se nos muestra en el álbum. El verde se usa como contraste en las distintas escenas, transmitiendo cierta positividad en las circunstancias que la familia está viviendo.

3. Conclusiones

La aproximación al trauma en el álbum ilustrado que se presenta en el presente trabajo revela una serie de patrones llamativos relacionados no solo con las estrategias narrativas que se emplean, sino también con el uso y función de las ilustraciones. En primer lugar, llama la atención la opción preferente por la narración en primera persona que, junto a la selección de personajes humanos (y no animales como es bastante frecuente en la literatura infantil), busca que el público lector se identifique de manera íntima con el personaje protagonista y/o que empatice con quien sufre. El primer objetivo es claro en los álbumes focalizados en el maltrato y abuso infantil, mientras que el segundo se vincula estrechamente con *Trenfugiados*.

En cuanto a *Mexique, el nombre del barco* y *Fronteiras de papel*, ambas interpretaciones son posibles, si bien, y de manera especial en la obra gallega, parece que la finalidad de las tres últimas mencionadas es despertar en el receptor la empatía y la tolerancia.

Otro punto en común que tienen varios de los álbumes analizados es la importancia de una figura de apoyo infantil familiar (o considerada familia) cuando el yo es el narrador de su propia situación traumática. Solamente *Fronteiras de papel* sustituye esta presencia de otro niño o niña por la de su padre y su madre.

En lo que concierne al estilo, se observa una introducción natural del drama que se logra, en parte, recurriendo a la inclusión de elementos cotidianos que sirven para dar cuenta de que los hechos que se narran pueden suceder en cualquier lugar. Se observa, asimismo, un predominio claro de la metáfora y, en segundo lugar, de la comparación, que funcionan en muchos casos como una autodefensa afectiva. Es especialmente llamativo el tejido metafórico que se despliega en *Mexique, el nombre del barco* por su calidad, su carga emotiva y las múltiples lecturas que ofrece al público lector. Por otro lado, es preciso señalar que, probablemente por las particularidades que caracterizan al álbum ilustrado, en ninguna de las obras examinadas se recurre al humor, recurso habitual en la LIJ para desdramatizar, desde el punto de vista emocional, situaciones complejas (Mociño & Agrelo, 2020; Pena & Fernández, 2018).

En lo que respecta a las ilustraciones, debe recordarse aquí que, en este género literario, "la imagen y el texto responden a la creación del discurso de tal modo que si desapareciera uno de los dos códigos, desaparecería también la obra" (Tabernero, 2005, p. 78). Los seis álbumes analizados son una buena muestra de ello, así se comprueba cómo las imágenes aportan al receptor información que el texto no ofrece, en ocasiones porque el yo narrador no procesa la realidad de los hechos, de manera que no puede verbalizarlos, como se comentó a propósito de la violencia en *Mexique, el nombre del barco*. Por otra parte, es preciso destacar la presencia generalizada de un código simbólico cromático que facilita la interpretación de la lectura y favorece la identificación y la empatía con las sensaciones que viven los protagonistas. Ya para terminar, debemos aludir también a la técnica fotográfica que se emplea en *Trenfugiados* y en el álbum que narra la tragedia del *Mexique* para incidir en la realidad de los hechos relacionados con la guerra civil española.

En definitiva, en este trabajo se ha ofrecido una pequeña muestra significativa de obras cuya lectura resulta importante, por un lado, en especial en el caso de los tres primeros álbumes analizados, por la ayuda que pueden proporcionar para canalizar e incluso identificar la situación de maltrato o abuso que el receptor infantil pueda estar viviendo; y, por otro, por el papel que la literatura juega a la hora de concienciar a estos lectores o prelectores sobre circunstancias tan duras como la inmigración, favoreciendo la tolerancia, el respeto y la reflexión de los acontecimientos presentes a partir de lo sucedido en el pasado.

REFERENCIAS BIBLIOGRÁFICAS

Campanari, J. & Daviddi, E. (2017). *Trenfugiados*. La Fragatina.

Colomer, T. (2010). *Introducción a la literatura infantil y juvenil actual*. Síntesis.

De Evan, A., Domínguez, X. & Lorenzo, D. (2020). *Fronteiras de papel*. Antela editorial.

Ferrada, M. J. & Penyas, A. (2017). *Mexique, el nombre del barco*. Libros del Zorro Rojo.

Lozano, P. & Más, A. (2019). *El monstruo transparente da miedo… ¡de verdad!*. Bruño.

Martín, D. & Trigo, R. (2008). *El monstruo*. Lóguez.

Mociño González, I. & Agrelo Costas, M. E. (2020). The topic of death in Galician literature for children and young adults. En V. Ruzicka Kenfel & J. House (Eds.), *Death in children's literatura and cinema, and its translation* (pp. 101-138). Peter Lang.

Olid, B. & Vanda, M. (2008). *¡Estela, grita muy fuerte!*. Fineo.

Pena Presas, M. & Fernández López, I. (2018). Humor e literatura infantil: unha achega dende a formación lectora. En M. J. Vázquez Lobeiras & A. Veiga Rodríguez (Eds.), *Cultura e humor: homenaxe a Celestino Fernández de la Vega (1914-1986)* (pp. 173-183). Universidade de Santiago de Compostela.

Tabernero Sala, R. (2005). *Nuevas y viejas formas de contar. El discurso narrativo infantil en los umbrales del siglo XXI*. Prensas Universitarias de Zaragoza.

Vara López, A. (2016). El tradicional tópico de la muerte en el aula de educación infantil: análisis de álbumes ilustrados. *Álabe, 14*, 1-17. http://dx.doi.org/10.15645/Alabe2016.14.8.

Notas biográficas

Ronald Campos López es doctor en Español: Lingüística, Literatura y Comunicación, por la Universidad de Valladolid (2016). Profesor asociado e investigador de la Escuela de Filología, Lingüística y Literatura, de la Universidad de Costa Rica. Como hispanista, se ha dedicado al estudio de la poesía latinoamericana y española contemporánea. De ahí sus colaboraciones en revistas y monográficos sobre literatura, lingüística y didáctica, tanto de Costa Rica, como de América Latina, España y Europa. Como poeta, ha trazado una carrera literaria con sus once poemarios, dentro de los cuales se encuentran *Mortaja para mil ruiseñores (Crónicas poéticas)* (2019) y *Depravación de la luz* (2020).

Alessandra Ceribelli es doctora por la Universidad de Santiago de Compostela con una tesis sobre la literatura italiana en la obra de Francisco de Quevedo dirigida por Alfonso Rey y María José Alonso; ha colaborado con el Grupo Quevedo de la misma universidad y cubre una plaza de docente de Literatura española medieval, de Lingüística española y de Lengua española en la Università Cattolica del Sacro Cuore de Milán, además de colaborar con la Università degli Studi de la misma ciudad para cursos de lengua española. Ha impartido también cursos de lengua española en la Università degli Studi de Brescia, Turín y de la Insubria. Es miembro de varias asociaciones, como AISO, AIH, AISPI, RSA y Asociación BETA. Sus intereses de investigación son la obra de Francisco de Quevedo, las crónicas de Indias, la literatura comparada y las relaciones entre España e Italia. Ha publicado en varios libros y revistas internacionales y ha participado en varios congresos nacionales e internacionales.

Maria de Lurdes Correia Fernandes es Profesora Catedrática de la Facultad de Letras de la Universidad de Oporto (Departamento de Estudios Portugueses y Estudios Románicos), Doctora en Cultura Portuguesa (1992) y Agregada en Culturas Ibéricas (2004).

Es autora de varios libros, capítulos de libros y artículos publicados en Portugal y en el extranjero sobre literaturas y culturas portuguesas y españolas, especialmente del Siglo de Oro. Ha dirigido tesis doctorales y trabajos de fin de Máster y ha organizado diversos congresos y coloquios científicos, varios de ellos sobre literaturas y culturas ibéricas. Dirigió la revista *Península - Revista de Estudos Ibéricos* entre 2003 y 2009. Ha participado en numerosos tribunales de pruebas y concursos académicos y en comités de evaluación científica y universitaria. Ha ocupado diversos cargos de gestión académica, entre ellos el de presidenta de la Junta de la Facultad de Letras y Humanidades y el de vicerrectora de la Universidad de Oporto. Es investigadora del Instituto de Filosofía de la Universidad de Oporto, unidad de I+D evaluada y financiada por la FCT (Fundação para a Ciência e a Tecnologia).

Mirta Fernández dos Santos es doctora en Filología por la UNED (2017) y tiene un DEA en Filología Española, un Máster en Análisis Gramatical y Estilístico del Español y otro en Formación de Profesorado (UNED). Trabaja desde 2011 en el Área de Estudios Españoles e Hispanoamericanos del Departamento de Estudios Portugueses y Románicos de la FLUP y es investigadora del Centro de Investigação Transdisciplinar "Cultura, Espaço e Memória". Ha publicado varios artículos y libros relacionados con la enseñanza del español en Portugal y la poesía hispanoamericana contemporánea escrita por mujeres, especialmente sobre la modernista Delmira Agustini y otras poetas del ámbito geográfico del Cono Sur. Ha dirigido varios trabajos de fin de Máster y está dirigiendo dos tesis doctorales. En 2018 obtuvo el Premio Extraordinario de Doctorado, en

2019 el I Premio de Investigación Filológica "Profesor José Romera Castillo" y en 2021 fue candidata al Premio de la RAE con la obra *El profundo espejo del deseo: nuevas perspectivas críticas en torno a la obra de Delmira Agustini*. En 2021 organizó el XI Congreso Internacional de BETA: Asociación de Jóvenes Doctores en Hispanismo (Oporto). Sus principales intereses de investigación son las culturas y literaturas hispánicas, la lengua española y la lingüística general.

Purificació Mascarell (Xàtiva, 1985) es profesora Contratada Doctora de Teoría de la Literatura, Literatura Comparada y Estudios Culturales en la Universitat de València. Premio Extraordinario de Licenciatura y de Doctorado en Estudios Hispánicos, sus investigaciones giran en torno a las teorías de la recepción, del género y del canon. Además de numerosos trabajos especializados como filóloga, ha publicado la obra de teatro *Cavallers* (PUV, 2016), el libro infantil *Centre comercial L'Oblit* (Andana, 2018), el libro de relatos *Cartilla de redención* (Altamarea, 2021) y la novela *Mireia* (Drassana, Premi Lletraferit, 2022). Ejerce de crítica literaria en las revistas *Clarín*, *Caràcters*, *Lletraferit*, *Cuadernos Hispanoamericanos* y *Mercurio*. Colabora en la Biblioteca Elena Fortún de la editorial Renacimiento, donde ha editado su *Teatro para niños* (2018) y *Celia, novelista* (2021), y prepara varias ediciones más de la autora.

Guadalupe Nieto Caballero es profesora de literatura española en la Universidad de Extremadura (UEX). Con anterioridad ha sido investigadora Juan de la Cierva en la Universidad Complutense de Madrid (UCM). Desarrolla su investigación en el ámbito de la literatura española de la Edad de Plata, con especial atención a escritores que han quedado habitualmente al margen de nóminas canónicas como Francisco Valdés, Luisa Carnés o Josefina de la Torre. Trabaja asimismo en estudios ibéricos. Forma parte del grupo de investigación La Otra Edad de Plata (UCM) y coordina un grupo de innovación docente en torno a la enseñanza de la literatura en la UEX.

Pilar Nicolás Martínez es doctora en Literatura Española y Teoría de la Literatura por la Universidad Nacional de Educación a Distancia (UNED) con la tesis doctoral: *El teatro español en Lisboa en la segunda mitad del siglo XIX*. Mestre em Estudos Literários, Culturais e Interartes por la Universidade do Porto y Diploma de Estudios Avanzados (DEA) por la UNED con el trabajo: *El teatro español en Portugal (Lisboa y Oporto) entre 1830-1859*. Trabaja como profesora en la Faculdade de Letras da Universidade do Porto (FLUP) donde imparte asignaturas de literatura española, español como lengua extranjera (ELE) y formación inicial de profesores; en esta área es directora del máster profesionalizante MEPIEFA. Sus principales áreas de investigación se centran en la didáctica de ELE y la literatura española contemporánea, profundizando en las relaciones teatrales entre España y Portugal durante el siglo XIX e inicios del XX. Como investigadora está integrada en el CITCEM – Centro de Investigação Transdisciplinar "Cultura, Espaço e Memória".

Ferran Riesgo Martínez es licenciado en Filología Hispánica por la Universidad de Alicante, y Máster en Estudios Literarios y Doctor en Filosofía y Letras por la misma institución; es también Máster en Formación del Profesorado por la Universidad Miguel Hernández de Elche, y cursó estudios de piano en el Conservatorio Profesional Guitarrista José Tomás, de Alicante. Ha realizado estancias de investigación en el C.N.R. – I.S.E.M. de Milán (2015), en la Universidad de la República de Montevideo (2016) y en la Universidad de Oviedo (2019). Defendió su tesis doctoral, *Música y narrativa en el Río de la Plata: Felisberto Hernández, Daniel Moyano y el surco del tango en las letras argentinas*, en noviembre de 2019. Actualmente es profesor asociado de Literatura Española e Hispanoamericana en el Departamento de Filología Española de la Universidad de Alicante y subcoordinador del Máster en Estudios Literarios en la misma Universidad.

Yasmina Romero-Morales es doctora en Estudios Filológicos (ULL, 2016) y cuenta con un Diploma de Estudios Avanzados en Estudios Árabes e Islámicos (ULL, 2008). Además, posee dos másteres: uno en Estudios Feministas, Violencia de género y Políticas de Igualdad (ULL, 2009) y otro en Literatura Comparada y Crítica Cultural (UV, 2018). Su área de especialización se centra principalmente en la literatura española e hispanoamericana contemporánea, el contexto árabe e islámico, y la perspectiva de género. Romero Morales se destaca como estudiosa y promotora de la literatura escrita por mujeres, habiendo publicado diversos trabajos en estas áreas interconectadas. En la actualidad, es socia de Clásicas y Modernas, una asociación dedicada a promover la igualdad entre mujeres y hombres en la cultura. También ejerce como investigadora en el Centro de Estudos Africanos de la Universidad de Oporto, en Portugal, y es miembro del Instituto Universitario de Estudios de las Mujeres de la Universidad de La Laguna. Además, es profesora en el Departamento de Filología y Comunicación de la Universitat de Lleida.

Santiago Sevilla-Vallejo es profesor Contratado Doctor en la Universidad de Salamanca. Ha sido secretario de la Federación de Asociaciones de Profesores de Español y es director de la revista *Cálamo FASPE*. Dirige el Congreso Internacional *Las Desconocidas. Estudios sobre la construcción de la identidad femenina en la literatura*, que forma parte del grupo de investigación *Escritoras y personajes femeninos en la literatura* (Universidad de Salamanca). Ha sido finalista del III Premio Educa Abanca. Mejor Docente de España, en la categoría Universidad; y del premio de investigación de la Primera edición del Congreso Internacional de Escritores y Artistas; y del International Research Awards on Psychiatry and Mental Health (2021) en la categoría Research award. Su línea de investigación se centra en el estudio de la narrativa para establecer la relación entre la elaboración del discurso y la construcción de la identidad, particularmente la identidad de género.

Alicia Vara López es licenciada en Filología Hispánica (2007) y doctora (2012) por la Universidad de Santiago de Compostela. Su tesis, sobre la comedia calderoniana *Argenis y Poliarco*, fue adaptada al formato de libro (Iberoamericana, 2014). Cuenta con estancias de investigación en las universidades de Chicago (2010), Oxford (2012) y Viena (2014). Trabaja como Profesora Contratada Doctora en el Área de Didáctica de la Lengua y la Literatura (Universidad de Córdoba). Ha publicado diversos capítulos de libro sobre literatura de Siglo de Oro y Didáctica de la Lengua y la Literatura, así como los libros *La cena del rey Baltasar* (2018) y *La impronta clásica en la poesía de María Rosal* (2018). Cabe destacar también sus artículos en revistas como *RILCE*, *Hipogrifo*, *Iberoromania*, *Tejuelo*, *Atalanta*, *Hispanic Research Journal* o *Anuario calderoniano*. Fue Secretaria de la Cátedra de Estudios de las Mujeres Leonor de Guzmán de la Universidad de Córdoba de 2016 a 2022.

Zaida Vila Carneiro es licenciada en Filología Hispánica y Filología Románica y premio extraordinario de doctorado con mención europea en Literatura Española e Hispanoamericana por la Universidad de Santiago de Compostela. Ha trabajado en esta institución, en la University of St. Andrews (Escocia) y en la Universidad de La Rioja. En la actualidad es profesora en la Facultad de Educación del campus de Toledo de la Universidad de Castilla-La Mancha. Pertenece al Grupo LIEL (Literatura Infantil y Educación Literaria) de la UCLM, colabora con el Grupo PROTEO de la Universidad de Burgos y forma parte de los comités editoriales de *Atalanta. Revista de las Letras Barrocas* y *Talía. Revista de estudios teatrales*.

MIRTA FERNÁNDEZ
DOS SANTOS

El profundo espejo del deseo

I.S.B.N.: 978-84-1337-375-1

Este libro, resultado de la obtención del I Premio de Investigación Filológica «Profesor José Romera Castillo», constituye una reaproximación a la figura poética de Delmira Agustini desde un punto de vista biográfico, hermenéutico y ecdótico. El punto de partida es el repaso a algunos de los episodios más destacados de su biografía, en el que se da especial destaque a los múltiples homenajes que se le rindieron en 2014 con motivo del primer centenario de su fallecimiento. Más adelante, se analiza el contexto histórico-cultural en el que le tocó vivir, se hace una somera aproximación a su universo literario y se indaga sobre la influencia que ejerció en la construcción de la identidad literaria de otras grandes poetas del Cono Sur. Asimismo, se presenta la edición crítica, por parte de la autora del volumen, de su poesía completa y se dedican sendos capítulos a revisar, por un lado, la transmisión textual de su obra en los últimos cien años y, por otro, a rescatar la recepción crítica que generó dicha producción literaria, tanto en América como en España, en el momento en el que se dio a conocer. El libro se cierra con un novedoso análisis de la lengua literaria de la autora uruguaya, un área de estudio que ha estado tradicionalmente relegada a un segundo plano en pro de investigaciones de índole fundamentalmente biográfica. En definitiva, estamos ante un estudio fundamental para conocer mejor la creación poética de Delmira Agustini.